障碍のある
子どものための教育と保育
②

写真でみる
障碍のある子どものための
課題学習と教材教具

菅原伸康
［著］

ミネルヴァ書房

課題学習の実践例（本書で紹介したものも含む）

あゆ君と
ごほうびシールを
貼っています。

あゆ君と
「形」のお勉強をしています。

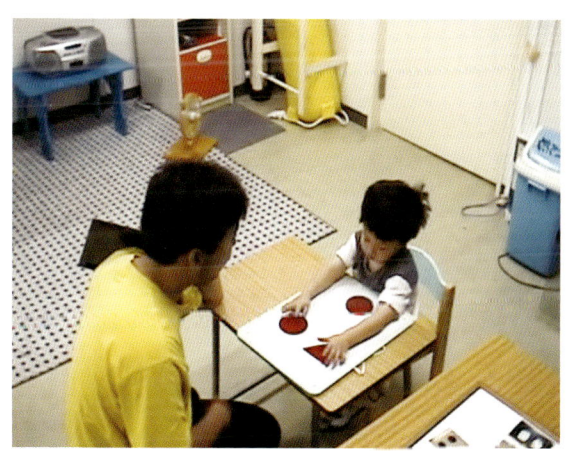

あゆ君と
「色」のお勉強をしています。

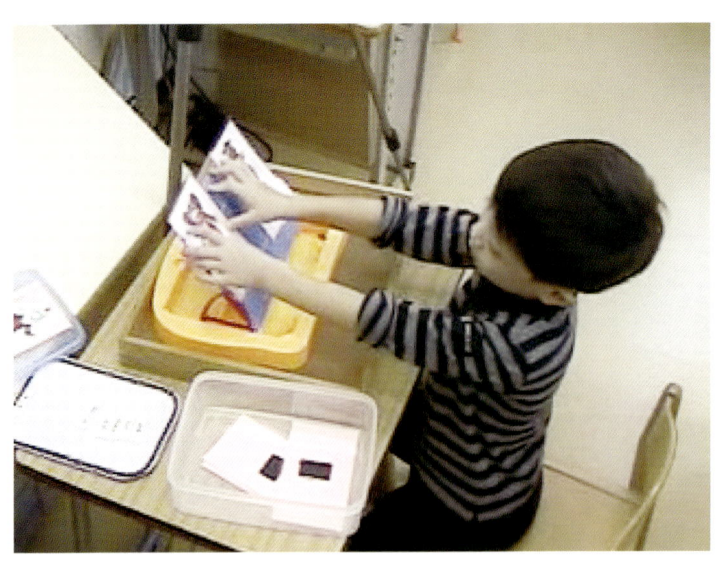

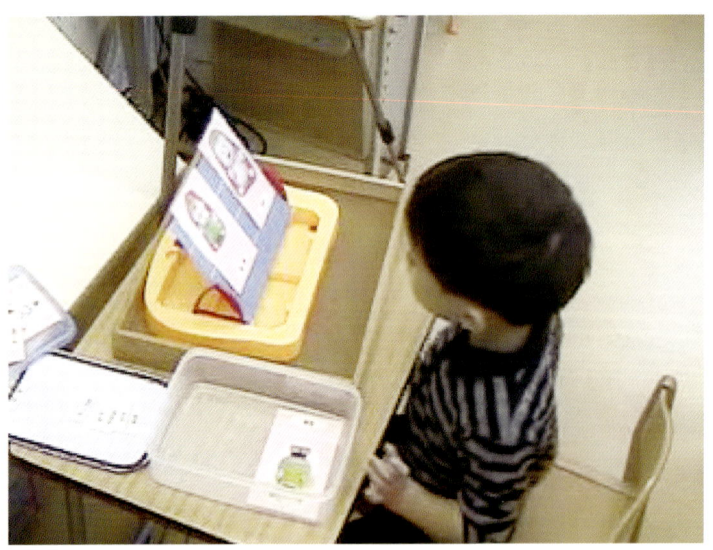

あゆ君と
写真カードと文字カードのマッチングをしています。

 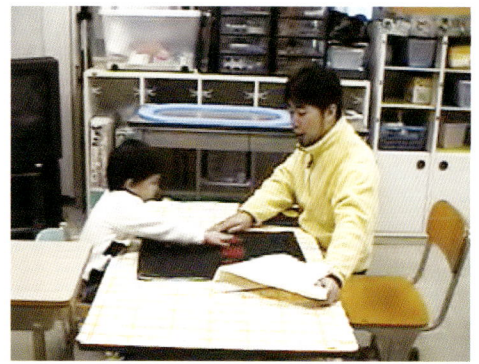

あゆ君と
見本合わせ法による「形」のお勉強をしています。

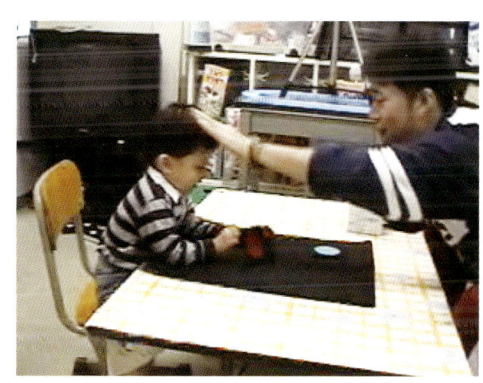 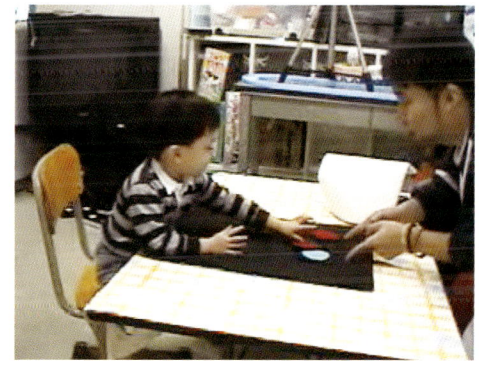

あゆ君と
見本合わせ法による「色」のお勉強をしています。

はじめに

　私は大学教員となり，たくさんの教え子たちが特別支援学校や幼稚園，保育園などで先生として働いています。

　その教え子たちから「先生早く，知的障碍の講義で話していた内容を本に書いて」と言われ続け，私のここ数年来の宿題となっていました。

　教え子たちは，障碍のある子どもの指導において，その子どもの障碍の状態に合った教材を作り，係わり合いをもっています。

　しかし，その教材が本当に子どもに合っているのか，理論的な裏づけは正しいのかなど，日々試行錯誤を繰り返しながら子どもたちの指導に当たっています。

　これが小学校や中学校などであれば，先生用の指導書があります。しかし，特別支援学校にはありません。

　教え子たち，そして教育現場で障碍のある子どもの指導に携わっている先生方のための指導書があってもよいのではないかと思い，今回，ある種の指導書を書いてみました。

　本書は，「言葉・文字・数の基礎学習」として，知的に障碍のある子どもの「発達初期の学習」と「概念行動形成の基礎学習」に焦点を当てています。

　係わり手は，どのような教材を用いて子どもと教育的係わり合いをもつのか，課題学習をどのように進めたらよいのか，障碍のある子どもにとっての教材とはどのような意味をもっているのかなどを解説しました。

　第1章では，「発達初期の学習」と「概念行動形成の基礎学習」が，障碍のある子どもの課題学習において，どのような理論づけがなされているのかを解説しました。

　第2章では，実際の課題学習において，発達初期の学習と概念行動形成の基礎学習で，どのような教材が使われ，障碍のある子どもにとってどのような意味があるのかを解説しました。

　また，教材そのものは，障碍のある子どもないしは，係わり手にとってどのような意味をもたらすものなのかを整理しています。

　第3章では，私が行った実際の実践事例を2つ紹介しました。

　1つは，見本合わせ状況における知的に障碍のあるAくんの形の学習の経過を書

いたものです。

　もう1つは，知的に障碍のあるAくんが2次元的空間内における方位概念を獲得する経過について書いたものです。

　どの章から読んでいただいてもよい構成になっています。

　また本書では，「障碍のある子ども」，「知的に障碍のある子ども」などと表現していますが，特定の障碍に限って解説しているわけではありません。ここの部分に今自分が担当している子どもさんの「名前」を当てはめてみてください。障碍種は違っても，重なる部分はあるはずです。さらに，障碍の有無にかかわらず，障碍児教育・保育というのは，人間の発達に焦点を当て，それを基に支援を行っているので，その点においてはすべての子どもに当てはまるものなのです。

平成23年10月

菅原伸康

目 次

はじめに

第1章 障碍のある子どもの学習と教育

1 知的に障碍のある子どもの学習 …………………………………… 2
2 知的に障碍のある子どもの教育 …………………………………… 4
3 知的に障碍のある子どもの発達初期の行動 ……………………… 5
4 発達初期の学習 ……………………………………………………… 7
5 係わり手の姿勢 ……………………………………………………… 9
6 目の使い方 …………………………………………………………… 11
7 手と目の統合（1） ………………………………………………… 13
8 手と目の統合（2） ………………………………………………… 15

第2章 障碍のある子どものための基礎学習

1 文字・数の基礎学習 ………………………………………………… 18
　（1）基礎学習の内容…18
　（2）発達初期の学習…18
　課題1 筒抜き・刺しの学習 …………………………………… 21
　課題2 玉入れ課題 ……………………………………………… 28
　課題3 棒入れ課題 ……………………………………………… 35
　課題4 ボタン入れ課題 ………………………………………… 41
　課題5 スライド式型はめ課題 ………………………………… 45
2 概念行動形成の基礎学習 …………………………………………… 48
　（1）運動の直線性…48
　（2）方向づけ・位置づけ・順序づけによる外界の構成…49
　課題1 棒刺しの学習 …………………………………………… 54
　課題2 型はめの学習 …………………………………………… 62
　課題3 竹串刺しの課題 ………………………………………… 66

課題 4	形の分解と組み立ての学習	69
課題 5	切片パズルの学習	77
課題 6	3つの大きさの学習	82
課題 7	3つの長さの学習	84

第3章 学習の課題と実践事例

1 課題の見つけ方 ……88
  （1）教育現場の現状…88
  （2）課題学習の必要性…88
  （3）課題学習とは何か…89
  （4）課題の選定…91
  （5）課題の見つけ方…94

2 見本合わせの課題 ……96
  （1）基準づくり…96
  （2）行動の連続性…97
  （3）選択行動…99
  （4）見本合わせの進め方…100

3 教材教具について ……111
  （1）教材教具とは…111
  （2）教材教具の工夫…112

4 実践事例 ……115
  実践事例1…117
  実践事例2…125

おわりに

引用・参考文献

第1章　障碍のある子どもの学習と教育

1　知的に障碍のある子どもの学習

　知的に障碍のある子どもは，普通に歩くことができても，箸やハサミなどの道具が使用できない，粘土遊びやお絵かきができない，2点結びなどの初歩的な学習課題も十分にこなすことができないというような問題を抱えている場合が多くみられます。

　遊びや学習課題の中には，手で物に触る，並べる，積み上げる，分類するなどの運動が，いくつか組み合わさって存在します。これらの運動には，すべて手や目の運動が伴います。

　つまり，知的に障碍のある子どもたちは，手で物に触る，状況に応じて物を出し入れする，物を並べる，分類するなど，手や目を使って自分の行動を調節することが苦手なのです。そのため，手や目の使い方を高める発達初期の学習が必要になるのです。

　また，概念行動形成の基礎学習とは，知的に障碍のある子どもが意図的に感覚を使い，それに基づいて運動を自分自身で調節することを基礎として，位置づけや方

1 知的に障碍のある子どもの学習

向づけ，順序づけが可能となり，操作的な空間を形成し，外界を１つのまとまりとしてとらえるための学習のことです。

　知的に障碍のある子どもにとって，概念行動形成の基礎学習を行う上で重要となる学習の１つは，直線性の学習です。

　この直線性とは，ある運動が開始され，方向づけられ，持続的に調節され，やがて終了するまでの一連の運動を，自分自身でコントロールするプロセスのことを言います。

　発達初期の学習によって高まった感覚の受容を前提として，運動の直線性が習得されると，バラバラであった外界の刺激が，空間としての１つのまとまりをもつようになり，位置づけや方向づけ，順序づけに基づいて，自分自身で外界を構成することができるようになっていきます。

　三角形を例にあげると，「大きさや置かれている方向（例：△と▽），厚さ，重さ，材質，３つの点（例：∴）などさまざまな表し方をしようとも，三角形は三角形である（これを「等価変換」という）」という形の学習は概念形成の基礎となります。そして，等価変換が可能になると，「文字は記号（直線や曲線など）が組み合わされた，あるまとまりをもった形」として理解するようになるため，言葉の基礎になると言えます。

3

2　知的に障碍のある子どもの教育

　子どもの実態を把握する際，諸検査によって得られた障碍名やその特性にのみとらわれていては，子どもの障碍が重くなればなるほど対応できなくなっていきます。
　特に，コミュニケーションの手段が十分に確立していない子どもが，前後の行動文脈から推測できない行動を示したり，周囲の刺激の受容と直接結びつかないような発達初期の行動水準にとどまっている場合は，検査による結果だけで実態を把握することはより一層困難となります。
　これからの障碍のある子どもの教育は，まず，教育的な係わり合いをもち，その中から子どものありのままの姿を見出し，どうやって育てるか，学習を進めるかを考え，その教育の内容・方法を工夫して，さらに深く働きかけていくことが重要となります。
　障碍のある子どもの教育は，従来の常識的な教育方法を捨て，より基礎的・本質的な人間の行動の理解からはじめなければなりません。
　目の前にいる子どもが，自己統制された感覚でもって運動を起こせていないならば，まず外界の刺激に慣れ，これを整理し，自発的・選択的な行動の土台となる受容の高まりをうながす学習法の工夫が必要となります。
　つまり，感覚（視覚，聴覚及び触覚など）を，単なる生理学的感覚としてではなく，積極的・選択的に外界へ働きかけていくという人間の行動の基礎を支える感覚にまで高めるということです。これらの高められた感覚に基づいて外界が構成され，目的的な運動の自発が起こったとき，初めてその子どもの人間の行動の第一歩が踏み出されたと言えます。

3　知的に障碍のある子どもの発達初期の行動

　係わり手が，自発的な行動がほとんどみられず，ただうずくまっている子どもに直面しているとき，ほうっておけばやがてお腹が空いて食べ物を求め，動き回るだろうと，はかない期待を抱くことがあります。また，子どもがテーブルについて急に機嫌が悪くなったとき，私たちはすぐ，食事が気に入らないのではないか，お腹が空いていないから食べたくないのではないか，眠くなったのではないか，あるいは，どこか痛いのではないかなどと考えがちです。

　しかし，こういった子どもたちは，私たちが見過ごしがちな外界の変化に反応しているときもあるはずです。

　私たちは，子どもの情動が変化した原因を無視して食事を強行し，失敗します。何も分からないようにみえる子どもほど，実は周囲の刺激の変化に敏感な場合があり，受容しきれないほどの大きな刺激となって受け入れられているのです。係わり手は，その原因が分からないまま，無理に歩かせよう，食べさせよう，さらには学習させようとして，いたずらに混乱を招いてしまうのです。子どもにはそれぞれに受容の様相があり，行動のペースがあるのです。

　教育的係わり合いの中で，次第にその子どもの外界刺激の受容の様式を理解し，何に反応しているのかが少しでも分かれば，それが固着を解きほぐし，子どもはもっと多くの外界刺激に慣れて，ついには積極的・選択的に外界へ働きかけていく人

第1章　障碍のある子どもの学習と教育

間の行動の基礎を見出すことができるのです。

　係わり手は，これら人間の行動の基礎の理解のために，子どものもつ行動の2つの原動力に気づくことが大切です。その1つは，人への接触であり，もう1つは，外界を知ることです。

　赤ちゃんとお母さんの関係を考えてみますと，赤ちゃんは食べ物を求めて歩き始めるのではなく，お母さんと接し，純粋な人間関係の成立のために歩くのです。そして，外界を知り，その関係を理解し，自己の世界を構成するために歩くのです。

　つまり，発達初期の学習は，外界の関係の理解であり，それに基づく自己の世界の構成を目指すものなのです。

4　発達初期の学習

　発達初期の学習は，運動の停止と開始，その復元，それから分化と総合による「弁別」，「分解－組み立て」，「構成」という内容です。

　感覚を使わない運動は，他の運動とつながりませんし，新しい運動の組み立てとなりませんので，無意味な運動になってしまいます。

　感覚を使って運動を起こすということは，新しい運動の組み立てや調節が，自分でできるということです。そのためには，運動の始まりと終わりを自分で把握し，さらに，出発点に立って始めのほうから終わりを見通し，終点へめがけていかなければなりません。

　ここで，課題学習の1つである玉入れ課題（穴の開いた器などに，ビー玉やスーパーボールなどを入れる教材：右図）を例にあげてみます。穴の開いた器を与えられた子どもは，穴に手を突っ込む，穴を覗き込むというような行動を起こします。そこへ玉を与えられると，玉を持ち（始点），穴へ入れる（終点）という運動を繰り返そう（復元）とします。玉がなくなれば，器の中から取り出し（分化），器と玉の総合運動を再開します。

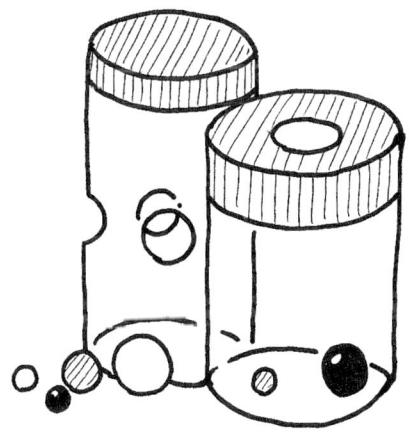

　玉を持って投げる，たたいて遊ぶ，口の中へ入れるなどの行動がみられる場合は，器と玉の関係を理解できず，総合と分化がないと考えられます。そして，そういった教材を提供した係わり手の目標の設定が適切ではなかったということなのです。

　たとえば，コップと水差しが一緒に置いてあるとします。私たちはこの2つの関係性を理解しているため，コップに水を注ぎます。しかし，靴と水差しが置いてある場合はどうでしょう。私たちは経験上，この2つが結びつかないことを知っているので，靴に水を注ぐということはしません。

　つまり，コップと水差し，お金と貯金箱，傘と傘立てというように，関係性のあ

るもの同士を結びつけなければ、総合と分化は起こりません。

　ですから、係わり手が教材を提示するときは、分化と総合のことを考え、結びつきのある教材を用意し、運動の始まりと終わりがその子どもにとって分かりやすいものである必要があります。

　また、課題学習は空間を前提として行うものであり、操作的な空間で運動を行うことによって、分化と総合を理解していきます。以上のことから発達初期の学習というものができあがっているのです。

　係わり手が子どもに、いくら「やれ」といっても子どもはやりません。係わり手は仕方ないので、強制的にやらせます。そうすると、感覚を使わない学習へもっていってしまうことになります。

　感覚を使わない学習というのは、係わり手にしてみればとても進めやすいものです。一方で、感覚を使う学習というのはなかなか難しいもので、いちいちつまらないところでひっかかりますし、ちょっとした工夫がいつも必要となるので、その分大変なのです。

　したがって、感覚を使わない学習が大量になりがちで、係わり合いをもったばかりに、かえって悪い方向へ転じてしまったということも現実に起こっているのです。

5　係わり手の姿勢

　空間を形成する学習というものを考えるためには，感覚のことを考えなければなりません。感覚は，そのままでは決して使い方が上手にはなりません。空間を形成する学習を行うためには，まず感覚の受容を高めるような学習を経て，運動の自発，組み立て，調整といった空間を形成するための学習へと進めなければならないのです。

　空間を形成する学習を考えるためには，感覚だけではなく，運動の問題も伴います。この運動と感覚とが結びついた状況で空間の形成が少しずつできあがり，空間的な処理が高められたときに，初めて感覚が運動を自発させ，組み立て，調整するようになるのです。

　自分の運動は，自分に責任があり，他の人が責任を負うことはできません。そのため，自分で責任を負うようにもっていかなければなりません。ただ，そのときに子どもを追い込んではいけません。

　たとえば，言葉を言わない子どもに対して係わり手が必死になってしまい，「"いただきます"を言わなければ食べられませんよ。」，「"さようなら"を言わなければ帰れませんよ。」というような条件を設定し，言葉を言わなければならないような切羽詰まった状況に追い込むことがあります。ただでさえ言わない子どもですから，追い込んだらもっと言わないようになります。

　ところがよくないことに，こういった明らかに間違った学習法が世の中で通用しているのは，子どもを追い詰めたときに言葉を発した，あるいは堰を切ったようにいろんなことを言い出したというような事例があるからです。その経験を基に，係わり手はあらゆる子どもに同じ方法で対応しよう

とします。

　しかし，この事例はほんの一例に過ぎません。どの子どもにも同じ方法が通用するほど，子どもの教育・保育というのは単純な問題ではありません。

　係わり手が子どもとの係り合いの中で，「やらない」，「できない」のならば，「やらせる」，「追い詰める」という姿勢ではなく，目の前の子どものありのままの姿を受け入れ，その子に合った教育を施すという姿勢でいなくてはなりません。

　係わり手のこういった姿勢のもとで，子どもは感覚の受容を高めるような学習を経て，感覚と運動が結びつき，運動の自発，組み立て，調整を行うことができるようになり，空間を形成していきます。

　このような事態が起こってくると，日常生活のしつけもできるようになりますし，道具も使えるようになり，言葉にも効果がもたらされます。言葉というものは何かと言われると，形の分解や組み立てを含みますが，実は「運動のコントロール」なのです。

　外界を見るとき，ただめちゃくちゃに見ないで順序をもって見る，外界に触れるときただ手を振り回すのではなく，どこかに見当をつけて要点を触っていくということです。

　そういう位置づけ，方向づけ，順序づけというものが，手元を見て順を追って字を書く，一方向に読むなどの言葉の基礎となるのです。

6　目の使い方

　係わり手が，視覚刺激をいきなり提示して運動の自発を引き起こそうとしても，それらを子どもが十分に受容することができなければ，係わり手は，触覚および触運動といかに結びつけるかを考えなければなりません。

　感覚機能に障碍のない子どもの場合，視覚・聴覚刺激と触覚および触運動との結びつきが急激であることが多く，ものを「見る」ような行動を示すので，目に機能的な異常がなければ，ものを見ることができると直ちに判断されやすいのです。

　しかし，「見える」ということと，「見る」ということは，明らかに区別される必要があります。人間の行動の中に視覚刺激を適切に取り入れるためには，目の動かし方の学習が段階的に積み重ねられなければならないのです。

　確かにその子どもには刺激が見えているのに，まったく反応を示さない場合，子どもにとってその刺激は，「興味がないもの」と簡単に決めつけてはいけません。むしろその子どもが，まだ「見える」段階であって，「見る」ことができないのではないかという疑いをもたなければいけません。

　目の使い方が下手で，視覚刺激を利用して日常生活を整えていくことができない段階と考えたほうがよいのです。

　たとえば，やたらに動き回ってすぐ行動が変化し，1つの玩具で遊ぶことができず，結局，教室中を駆けまわる子どもがいます。

　このような場合，行動に落ち着きがないとか，興味がすぐに変わるとか，脳に異常があるとして簡単に片づけられてしまうことがあります。それはむしろ，発達初期の

第1章　障碍のある子どもの学習と教育

学習の不足によって，目の動きがほとんどコントロールされていないために，物を探せない，見つめられないことが，その子どもにとって1番大きな問題であると考えられます。

　また，ある特定刺激（たとえばジュース）に対してだけ反応を示し，目を輝かせて手を伸ばす子どもは，「ジュースにだけ興味を示す」，「ジュースを見つけることが上手だ」という評価もよくありません。むしろ，発達初期の学習の不足によって，目でものを「見る」という基本的な目の動かし方がまだ起こっていないと考えるべきなのです。

　その子どもは，「見える」ものの中から，ジュースという強い刺激に対して反応しただけであって，自分で選択的にジュースを「見る」ということをしていません。周囲の刺激の受容が弱いために，特定の強い刺激に振りまわされて起こした行動なのです。

7 手と目の統合（1）

　手と目の統合を図るためには、体の動かし方、特に手指の動かし方を十分にコントロールして、それらのコントロールされた運動の自発に基づいて、単に「見える」状態から「見る」ことへと学習を進め、目で人あるいはものの動きを追う、積極的に人あるいは物を探すことへとつなげなければなりません。
　探して見つけるということは、目的をもって対象を「見る」ということです。ですから、視線がいったん外れても、そのまま外れっぱなしにならず、もとに戻るということでもあります。
　たとえば、遊びたい玩具を頭に描きながら玩具箱を探し、見つけます。このように目的をもって見つけた玩具で遊んでいると、視野に入った絵本や聞こえてくる人の声などの他の刺激を受けて、いったん玩具から視線が外れたとしても、また玩具に視線を戻し、遊び始めることができるということです。

　また、教材に取り組んでいるとき、見えていたものが隠され、遮蔽時間が長くなっても、遮蔽が取り除かれたときに再び教材に取り掛かることができるということが、「見る」ということなのです（第3章2（4）⑥参照）。
　「見る」ことが上手になってくると、「見る」ことと、手を動かすことが協応します。しかし、「見る」ことが十分に学習されていない場合、生活の中の刺激を「見る」ことができても、その刺激が課題となると目をそらして見ようとしません。あるいは、その刺激を課題としてとらえて見つめることができても、手を動かす運動が伴うと目がそれて、その課題を触覚あるいは聴覚に頼って解決し、課題解決全体に視覚を十分に利用しない場合が多いのです。
　このような場合、課題をやさしくすること、その課題の与え方を工夫することな

どによって，やがて「見る」学習が可能になります。こうして「見る」ことができるようになれば，次に見比べる，ある一定の位置からある方向に順序よく視線を動かす学習へと進めていきます。

　たとえば，見ながら物をとる，ある一定の位置に見ながら物を置く，ある位置から他の位置へ視線を動かすなどの目の動きの学習を段階的に進めていきます。そうなれば，直線の両端，形の角などが明らかになり，形および位置を視覚によって弁別することが可能となります。

8　手と目の統合（2）

　単に感覚といっても，生まれながらにして備わっている「生理学的感覚」と，人間の行動の基礎としての役割を果たす「人としての感覚」は，明らかに区別されるべきであり，生理学的感覚が備わっているからといって，その人が感覚を使って直ちに人間の行動の基礎を形成していくとは言えないのです。

　発達初期の学習が不足しているために，自分のもっている感覚を十分に日常生活で活かすことのできない子どもたちがたくさんいます。極端な場合は，目が見えるのに，その見える目を自己の日常の行動の中にまったく使わずに手探りの状態でいるため，周囲の人から目が見えないのだと思われて日常生活を送ってしまう子どももいるのです。

　目が見えるということと，その見える目を使うということは明らかに違っており，発達初期の学習が不足すれば，見える目を使って外界を構成するという人間の行動の基礎作りが行われません。せっかくの見える目が，自分の運動の開始，方向づけ，調節，停止などに，まったく役立たないのです。

　感覚は，運動の自発に裏づけられて，外界を構成する役割を果たしてこそ，初めて人間の行動の基礎となるのです。

　自発的運動を伴わない自己刺激的，受動的，固定的な感覚の使い方が外界へと向けられ，運動を少しずつ調節し始めたとき，人としての感覚が形成され始めたと言うことができ，ここに発達初期の学習の出発点があります。

　人間は，人としての感覚を備えて生まれてくるのではなく，学習を通して育てていくのであり，自発的な運動のコントロールを通して組み立てていくのです。

　また，視覚の発達初期に見られる行動は，視線が定まらない，たとえ一定の方向

に視線が安定したとしても，他の刺激を受けていったん視線が外れると再び元には戻らない，偶然視野に入ったある特定の物の色および動きに対して引きずられ，その方向に突進してしまうなどがあります。

　こういった子どもは，動き回っているのではなく，むしろ，偶然視野の中に入ったある特定の外界刺激に引きずり回されていると言えます。

　視覚が初期の状態を保って，その子どもの運動のコントロールにまったく役立たず，そのため外界が構成されないので，ある特定のパターン化された反応がとめどもなく続いてしまうのです。自発的な運動に基づいた感覚の使い方ができるような学習のきっかけをつかんで，見えるだけの状況から，探し，見つけ，見つめ，追い，見比べ，元に戻り，確かめるという人としての視覚の成立が重要であるのです。

　よく見える目が，その子どもの行動全体に参加して，単なる運動のきっかけだけでなく，運動の方向づけ，調節，停止などに役立ち，外界が成立し，自発的な運動による課題が解決されれば，今まで動き回って制止のきかなかった子どもが驚くほどおとなしくなり，外界の変化に対応した行動ができるようになって，コミュニケーションもまた円滑になります。

第2章　障碍のある子どものための基礎学習

1　文字・数の基礎学習

（1）基礎学習の内容

　小学校1年生で教科学習を行う前までの学習を，3つの段階に分け考えることができます。

　第1段階を"発達初期の学習"，第2段階を"概念行動形成の基礎学習"と呼ぶことにします（図1）。第3段階は本書では取り上げません。

	学　習	学習内容の例
		課題学習
文字・数の基礎学習	発達初期の学習	・手や目の使い方の学習 ・運動の開始，停止とその復元学習
	概念行動形成の基礎学習	・位置・形の学習 ・比較・分類・順序づけの学習 ・弁別学習 ・分解―組み立て・構成学習

図1　教科学習を行う前までの学習

（2）発達初期の学習

　係わり手は，目の前にいる子どものどこに障碍があり，それがどの程度で，どんなふうに重複しているのかと考えるのではなく，むしろ，障碍のない感覚・運動機能はどこか，そして，その子ども自身がどんなふうにその感覚・運動機能を活用して人間の行動の基礎を次第に固めていくかを見極めます。これが，発達初期の学習におけるもっとも大切な洞察です。

① 触覚の重要性

　触覚は，受容し得る刺激の範囲も量も，極端に乏しい感覚です。さらに，視覚などの他の感覚に比べて，触覚は空間を構成しにくく，運動の連続的な受容が困難であるため，外界刺激の空間的な配置関係が成立し難いのです。しかし，触覚は，外界への働きかけの接点として，大きく貢献しています。

　外界に無関心で，刺激の変化に対応した行動を起こさない子どもに対して，係わり手はまず，刺激に慣れること，さらに，受容の様式を高め，その子どもなりに外

界を構成するための基礎を作らなければならないのです。

これは発達初期の学習の出発点です。

触覚を通して，外界刺激に次第に慣れ，やがて刺激を積極的・選択的に受容し，その受容に基づいて刺激を確かめるための運動の自発を可能としなければならないのです。

触覚的な受容が高められ，運動の自発が容易になり，人間の行動の基礎の第一歩が築かれたとき，今までほとんど使わなかった視覚や聴覚を，その子どもなり

に少しずつ活用して，さらに新しい外界が構成されます。このことは，日常生活の基本的習慣の確立や，言葉の形成の土台となります。この土台作りを無視して，直接言葉の学習や日常生活の自立の学習を試みても成果が得られない場合が多いのです。

② 目の使い方と手の動かし方

うつろで視点の定まらなかった子どもは，瞬間的にチラリと見るようになり，さらに，キョロキョロ見回したり，じっと見つめたりすることが時々起こり，次第に，探し，人や事物の動きを追い，見比べるようになり，ついには，視線が定まり，その動きが統制されて，はっきりした順序がつき，体の動かし方，とくに手の運動を調節する役割を果たすようになります。

この日常の行動の中に，視覚を活用し始め，次第に受容の様式の高まる過程が生き生きとしてくるのです。

持つこと，触ることもまた同じです。力の入りすぎた，瞬発的でぎこちない任意の運動が，次第に統制されて，適度な

力で調節された，方向性のある滑らかな運動へと変化したとき，日常生活の基礎となる感覚の使い方，および，運動の自発の仕方が確立したと言えます。

　発達初期の学習においては，持ちやすいもの，触りやすいもの，見やすいものなどの刺激の整理が必要であるとともに，係わり手は，刺激の提示の仕方とそのタイミングを工夫して，外界の関係をより分かりやすくすることが大切です。

　刺激の整理を行うためには，まず，そのもののもつ柔らかさ，滑らかさ，暖かさ，重さ，大きさ，角張り具合などに配慮する必要があります。

　人の体は適当な温度で，柔らかく，滑らかさもちょうどよいので，外界の触刺激に慣れるための最初の刺激として，重要な意味をもってきます。

　布，紙，木の棒など，比較的持ちやすいものから，持ちにくいものへと学習を段階的に進めなければ，触覚的受容の様式は高まりません。

　視覚の使い方においてもまた同様です。見やすいものは，表面に光沢があるものや動きのあるものです。これらの見やすい刺激を，その子どもの視線の方向の固定化を考慮しながら提示することが，視覚的な受容を高めるための第一歩となるのです。

　まず，触覚を重視して外界の刺激に慣れさせ，触覚的受容を高め，確かめるための運動の自発をうながし，これを土台として，視覚・聴覚を積極的に活用し，外界を構成し，運動を調節することが，発達初期の学習の基本的筋道です。

　つまり，発達初期の学習は，感覚と運動の統合学習です。感覚とは外界の刺激の受容のことであり，運動とは手を使って物を操作したり分類したり比較したりすることです。

　感覚と運動の学習で大切なことは，手や目を使ってより高次の概念行動を引き起こす学習を行うことです。

　たとえば，子どもが三角形を見るとき，発達初期の頃は３つの角を見ますが，成長とともに輪郭線を見るようになります。同じ三角形でも見方や操作の仕方が一層，高まっていくような学習が必要となるのです。

　次に，具体的な学習課題と課題の進め方を説明したいと思います。

1 文字・数の基礎学習

課題1　筒抜き・刺しの学習

目　的

　手や目の使い方，姿勢や身体のバランスを高めるために，筒やリング（写真1，2）などを棒（写真3～5）などから抜いたり，刺したりします。

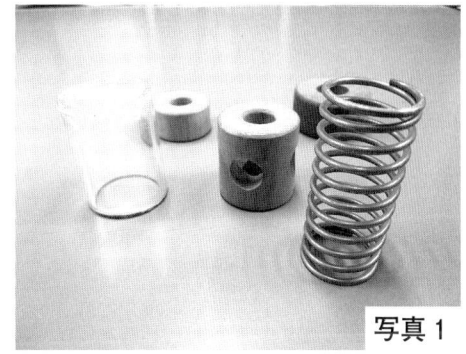

写真1

教　材

　筒抜き・刺しの教材は，
- 自分の手元を見る
- 棒などの底辺を見る
- 棒などの先を見る
- 棒などの底辺と先を見比べる

など，刺してある物に対応した手や目の使い方を学ぶ教材になります。

　筒の他にも，写真1のような大きさ，重さなど違う素材の教材を使います。

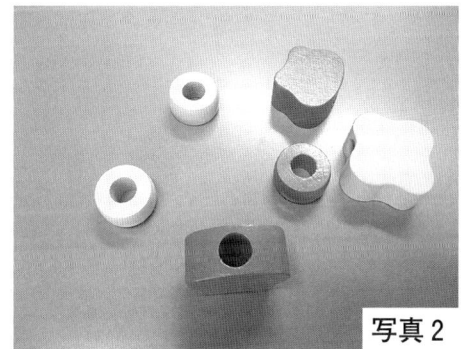

写真2

> 筒は重さや材質，色，形など，さまざまな物を使用します。

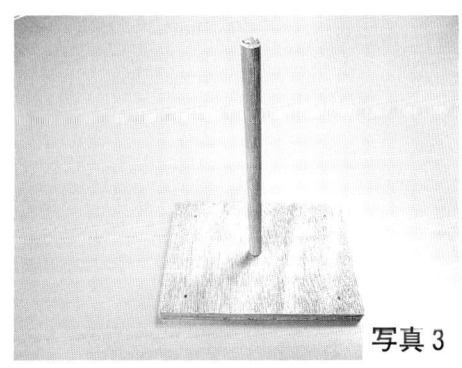

写真3

第2章　障碍のある子どものための基礎学習

課題1-1

写真4は両手か片手で，上下に筒などを抜いたり，刺したりします。

棒は，はじめは短いものを使い，次第に長くしていくことで，子どもは手や目の使い方や姿勢を整えたり，身体のバランスを保つなど，全身の諸感覚を自ら整えるようになります。

係わり手は，子どもに教材によって手の運動を垂直に調整し，高さや方向に気づかせることに注意を払います。

写真4

課題1-2

写真5は前後，左右などの方向に筒などを抜いたり，刺したりする教材です。

この課題も棒は，はじめは短いものを使い，次第に長くしていきます。

子どもは，課題1-1の手や目の使い方と異なった使い方をするため，姿勢や身体のバランスなど，諸感覚の使い方も異なってきます。

係わり手は，前後，左右の方向を作り，子どもが立体空間の基礎を形成するように注意を払います。

写真5

支援方法

- 筒抜き・刺しの課題は，係わり手が教材を提示する位置によって，難しさが違ってきます。
- 机上の正面，左側，右側と提示位置が変わることで，たとえば，左側，右側の位置に提示して課題を遂行するとき，子どもは姿勢をそれらの方向に向けて抜き刺ししなければならなくなり，困難さが増します。
- 係わり手はまず，正面に提示し課題を遂行し，子どもの出来不出来や，手や目の使い方などを見ながら左側，右側と提示位置を変えて課題を遂行します。
- ガイドのポイントとしては，係わり手が棒の抜けるところを指差して注目をさせたり，子どもに筒を握るようにガイドし，上方向の運動のきっかけを作るなど，子どもの教材に向かう姿をよく観察し，強制にならないような支援を行う必要があります。

課題遂行時に見るべきところ

手の使い方

筒などをどのように握っているのか，たとえば，筒などを抜くときには，下から上方向に手を持ち上げないと筒は抜けません。

筒などを手前に引っ張ろうとする握り方をしていないかなどをよく観察することが必要です。

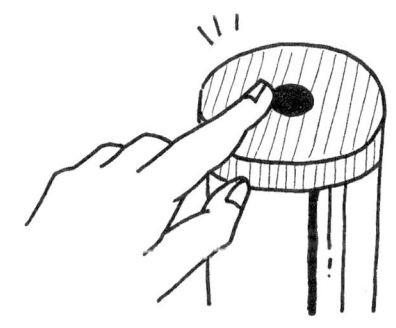

第2章　障碍のある子どものための基礎学習

● 棒の長さへの手や身体の動き

基本は，短い棒から長い棒へと課題を進めていきます。

棒が長くなると，子どもは足に力を入れて背筋を伸ばし，棒の抜けるところに注目し，手を伸ばして筒などを抜こうと姿勢を調節します。係わり手は，その一つ一つをよく観察することが必要です。

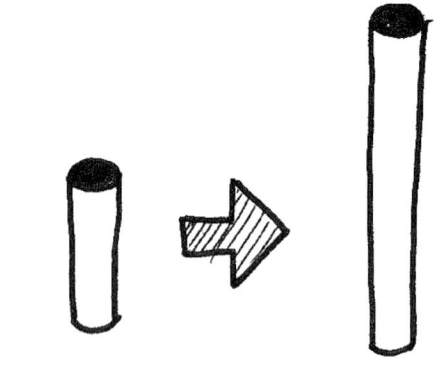

● 手と目の関係

筒などを抜くときには，手が先に動き，その動きを目で追います。

ここがポイントです。

ただ実際は，手と目が同時に動いているように見えます。

また，棒の底面と先端を見比べて筒などを抜きますので，手と目がどのような関係にあるかをよく観察する必要があります。

さらに，抜いた筒などを入れる皿を準備することで，見比べるという目の使い方が複雑になります。

「棒の底面の筒と皿」，「筒と棒の先端」，「棒の先端と皿」の3つの見比べが必要となります。

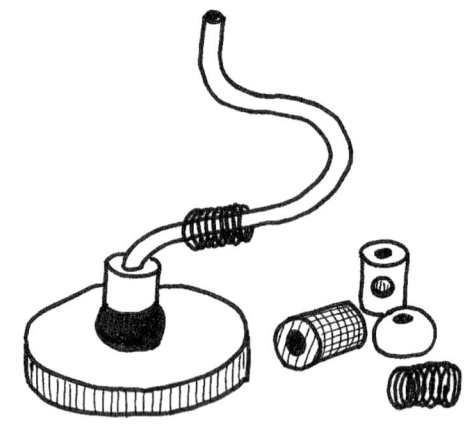

つまり，子どもは棒の底面の筒と棒の先端を見比べ，リングを抜き，抜いた後に皿に目を移し，皿に筒を入れるという目の使い方が必要となります。

係わり手は，子どもが棒の底面，棒の先端，皿の3つの関係を理解するための目の使い方をしているかをよく観察することが必要となります。

課題1-3

　図1～6は，筒などを棒に沿って抜いたり，入れたりする教材です。

　写真6の棒は針金でできているので，図1～6のように自由に曲げて形を作ることができます。

　つまり，手や目の運動をより操作的にするために，教材によって指や手の動きを縦，横，斜め，円などの滑らかな運動に導きます。

　また，棒に沿って筒などを抜いたり，入れたりするために，手首の返しなどの手の使い方をしなければならないため，目も棒の曲がり具合や手首の返しに応じて使っているかを見続けて，立体空間を形成するように注意を払います。

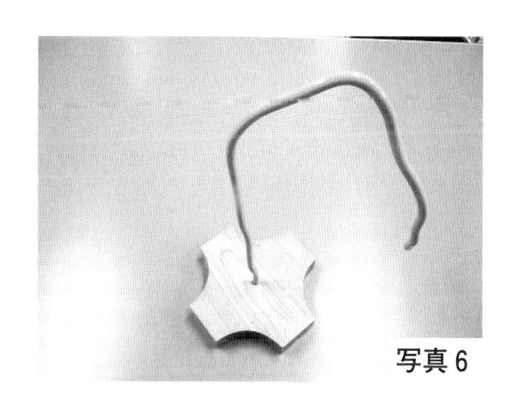

写真6

> この教材は，土台をしっかり作ることがポイントです。そうすることで安定し，図1～6のように自由に曲げて形を作ることができます。

第 2 章　障碍のある子どものための基礎学習

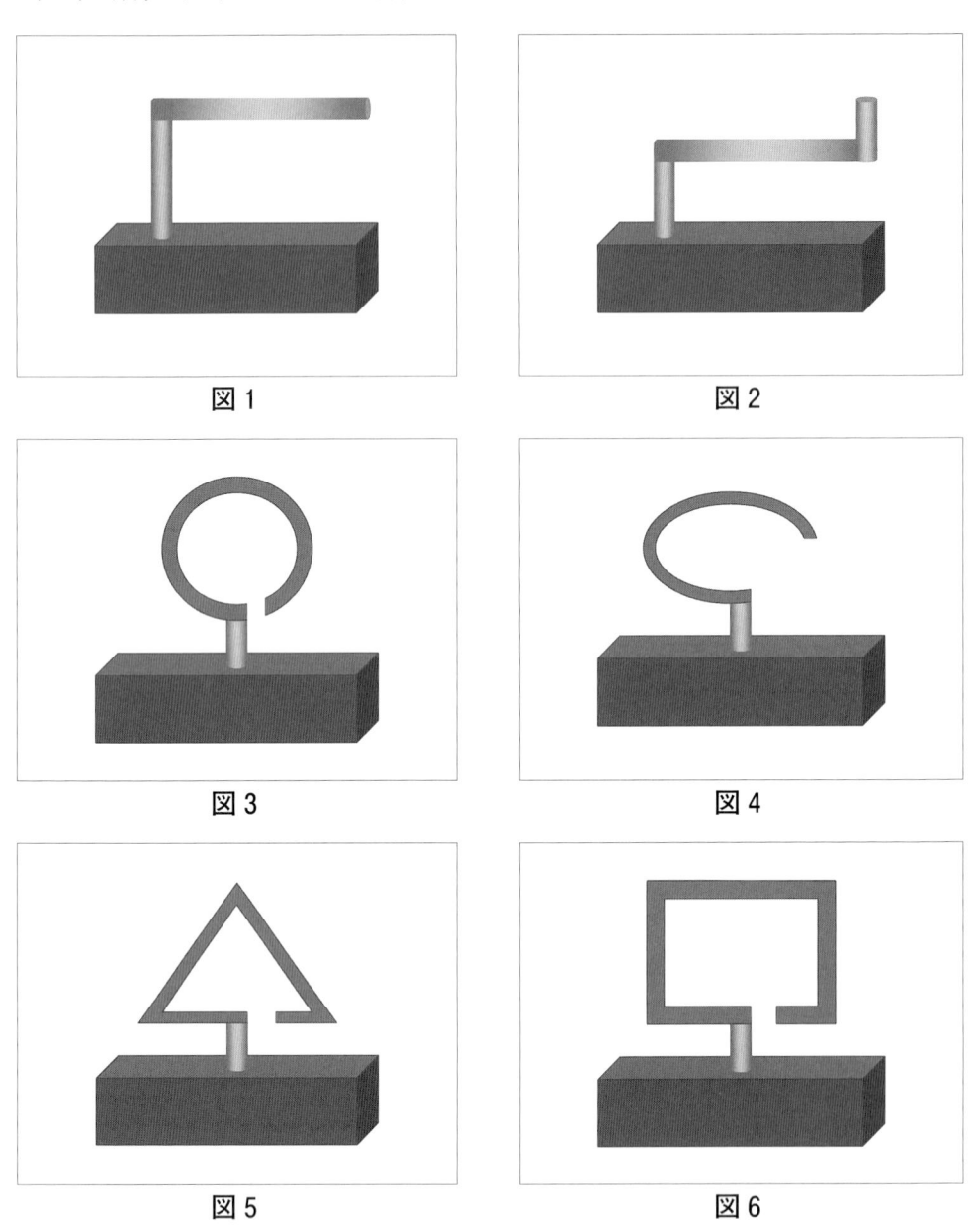

図 1

図 2

図 3

図 4

図 5

図 6

支援方法

- 図1と2は，横方向と縦方向に筒などを抜いたり，刺したりします。
- 図3と4は，円運動で筒などを抜いたり，刺したりします。
- 図5は，筒などを三角に抜いたり（縦→横→斜め→斜め→横），刺したり（横→斜め→斜め→横→縦）します。
- 図6は，筒などを四角に抜いたり，刺したり（縦→横→縦→横→縦→横）します。
- 図1～6を，手前方向や奥方向にセッティングすることで，筒などを抜いたり，刺したりするとき，手首の返しや手の使い方，また目も棒の曲がり具合や手首の返しに応じて使うようになるため，見続けることも上手になります。
- 筒などを入れるとき，筒などを入れる始点に気づきにくいことがあるため，そのようなときは始点を着色して，際立たせることも必要です。

> 運動の始まりと終わりが分かるような言葉がけも必要です。

> 目が手の動きを先取りして，終点を見ながら手の動きを導くために，係わり手が終点をポインティングしたり，子ども自身がもう片方の手で終点を触りながら課題を遂行するように支援をします。

課題遂行時に見るべきところ

手の返しが必要な部分にきたとき，目で見ながら手の返しを調節し，同時に筒などが角や曲線部分にきたとき，スムーズに通るように，手の運動の速度を緩めることができているかを観察します。

課題2　玉入れ課題

目　的
　手指の操作性を高めるために，さまざまな大きさの玉（写真7～11）をつかんで穴に入れます。

教　材
- 玉入れの教材は，知的に障碍の重い子どもにとっても分かりやすい教材で，玉を握ったり，つまんだりして器の穴に入れ，手指の操作性を高める教材となります。
- 視覚に障碍のある子どもの場合，玉が器に入ったら，音が出るように工夫をした教材を用意することが必要です。
- また，聴覚に障碍のある子どもの場合は，玉が器に入ったら，光るような工夫をすることが必要です。
- これにより，自分が行った行動の結果をフィードバックすることができます。
- 玉を入れる器は，玉の大きさによって穴の大きさの異なるものを用意します（写真12～16）。
- 他にも写真17，18のような横から玉を入れる教材も使います。

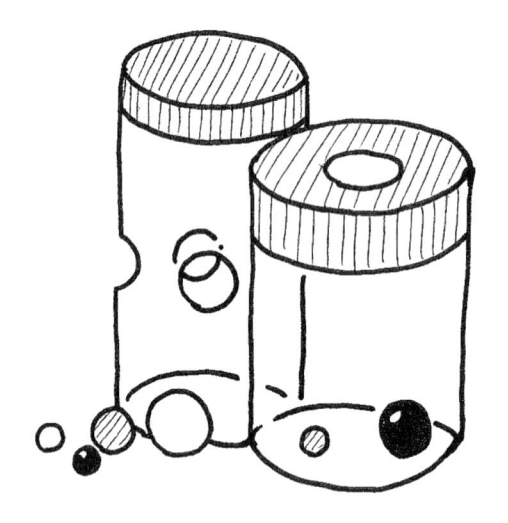

1　文字・数の基礎学習

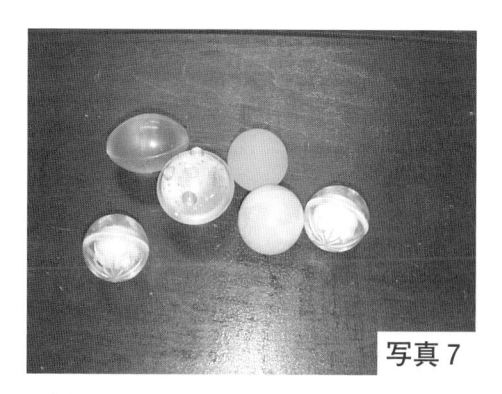

写真7

直径3cmのスーパーボール
楕円形のスーパーボール
音の出るボールなど

写真8

直径2.5cmのスーパーボール
色はさまざま

写真9

直径1.5cmのスーパーボールとビー玉
色はさまざま

写真10

直径1cmのビー玉
色はさまざま

写真11

直径7mmのパチンコ玉

写真12

直径3.2cmの穴があいており，高さ7cm

29

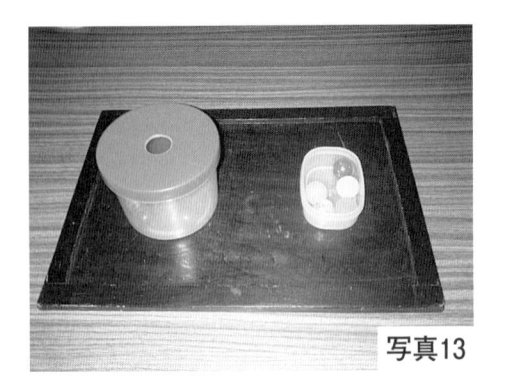

第2章　障碍のある子どものための基礎学習

写真13

直径2.7cmの穴があいており，高さ7cm

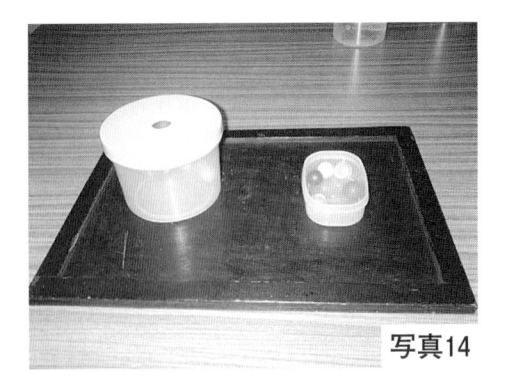

写真14

直径1.7cmの穴があいており，高さ7cm

写真15

直径1.2cmの穴があいており，高さ7cm

写真16

直径1cmの穴があいており，高さ7cm

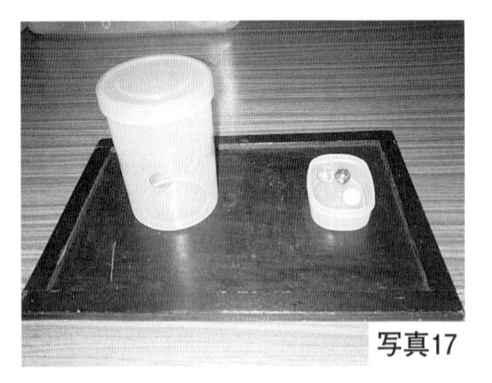

写真17

器の横に，直径1.2cmの穴があいており，
高さ12cm

写真18

器の横に，直径1cmの穴があいており，
高さ12cm

課題 2−1

玉入れの学習が成立するためには,
- 玉を見て,
- それをしっかり握り,
- ついで箱に目を向け,
- 穴を探し,
- 持っている玉と穴を見比べ,
- 玉を穴に運び,
- タイミングよく手を放す

ようにしなければなりません。

学習のねらいは「玉を穴に入れる」ということですが,それは同時に,
- 見比べる学習,
- 玉と穴を関係づける学習,
- 状況に合った手指の動きの学習,
- 両手の協応動作の学習

でもあります。

> 子どもから見て,玉入れは遊びとしてとらえていると思われますが,係わり手は,しっかりねらいをもって課題を遂行する必要があります。

また,さまざまな大きさの玉を使用することも必要です。

その時々の子どもの手の使い方をよく観察し(つまんでいるか,わしづかみかなど),玉の大きさなどを考えることが必要です。

同じ入れる課題として,円柱や四角柱,三角柱などの棒を入れる課題も考えられます。

学習の系統性(縦の系統性,横の系統性)をよく考えて,これらの教材を使用します。

> 系統性のある学習を行うためには,円柱→三角柱→四角柱の順番で,課題を進めていきます。

写真17,18のような横の穴から玉を入れる課題では,基本的にはつまむことができなければ成立しづらい課題と考えられます。

また,子どもは器が安定するように,もう片方の手で玉が入りやすいように器を押さえようとします。

第2章　障碍のある子どものための基礎学習

支援方法

- 写真12～16の教材は，大きい玉からはじめ，順次小さい玉を入れるように課題を遂行します。　←これが系統性です。
- 子どもの中には，握った玉を器の穴のところに持っていっても，その玉を放すことが難しい子どもがいます。その場合係わり手が，子どもの手の一部が縁などに触れるように支援したり，「○○くん，ポイ。」などの言葉がけが必要となります。
- 玉を横の穴から入れる場合，子どもは玉をつまんだまま手首の返しなどの手の使い方をしなければなりません。
- ですから，子どもが目で見ながら手の返しの調節ができるようなガイドも必要となります。

課題遂行時に見るべきところ

- 玉を入れると，穴から覗く子どもがいます。
- 子どもは自分が手放した玉が，どこにいったのかを確認しているのです。
- このようなときは，「○○くん，器の中に玉が入ったね。」などの言葉がけも必要となりますので，課題遂行直後の子どもの行動にも十分に注意を払う必要があります。
- 最後まで子どもの行動を見ることで，次の課題のヒントを得られることがあります。

1　文字・数の基礎学習

課題2-2　筒玉入れ課題

目　的

　手指の操作性を高めるために，さまざまな大きさの玉をつかんで筒の穴に連続して入れます。

教　材

- この教材は，透明の筒（写真19，20）に，さまざまな大きさの玉を入れていくものです。
- 筒玉入れの教材は，筒の先端まで手を伸ばし，玉の握り方やつまみ方を調節しながら筒の穴に玉を入れるように工夫するものです。
- このとき，筒が長いときには，子どもは玉を入れにくく，自然ともう片方の手で，筒が安定するように支えようとします。
- 自然に両手と目の統合が図られます。

> 筒の長さも写真19，20のような低いものから，子どもが膝立ちをしなければ筒の先端まで手が届かないような高さのものまで，子どもにいろいろな教材を提供することが大切です。

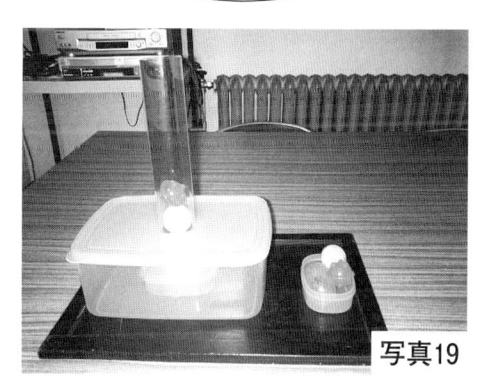

写真19
筒の長さは25cm
直径3cmのスーパーボールが6個積み重なります

写真20
筒の長さは20cm
直径2.5cmのビー玉が8個積み重なります

第2章　障碍のある子どものための基礎学習

支援方法

- 写真19の教材は，子どもが玉を握るという手の使い方をしている発達段階にある子どもの教材です。
- 写真20の教材は，子どもが玉をつまむという指の使い方をしている発達段階にある子どもの教材です。
- それぞれの子どもの発達段階に合わせた玉の大きさと筒の長さなどをよく考えて，子どもに提供することができるように支援を考える必要があります。

> 玉は大きなスーパーボールや木球を使用します。

> 玉は，ビー玉やパチンコ玉などを使用します。

課題遂行時に見るべきところ

筒玉入れ教材で，課題が成立するためには，
① 係わり手が子どもに玉を渡し，子どもは手渡された玉を筒の先端の穴に入れます。
　また，
② 子どもが皿などから自分で玉を探し，筒の先端の穴に入れます。

この2つは，同じ筒玉入れ課題ですが，手や目の使い方が違います。

①は，係わり手に玉を手渡されたので，その玉を筒の先端の穴を探して入れるという手や目の使い方をします。

②は，子どもが自分で筒の先端の穴を見て，その穴の大きさに合う玉が皿などの中にあるという予測を立て，玉を探して，筒の先端の穴に入れるという玉と穴の関係を理解した手と目の使い方をします。

探すという行動が生起しているかどうかを観察することが大切です。

課題3　棒入れ課題

目　的

　方向や長さを考え，指先で調整しながら，さまざまな長さや太さ，材質の棒（円柱，三角柱，四角柱；写真21，22，23，24，25，26，27，28）を，器（写真29，30，31，32，33，34，37，38，39，40）の穴に入れます。

> 棒は，さまざまな長さや太さ，材質も木やプラスチックなど，いろいろなものを準備します。

教　材

- 棒入れ教材は，さまざまな長さの棒を，その方向性を判断しながら器の穴に入れる教材になります。
- 発達の初期にある子どもは，棒を横向きに握る方が握りやすいので，横向きに握って器の穴に入れようとします。
- しかし，その握り方では器の穴に入らないので，棒の握り方を考え，握り方を変え，棒の先端を器の穴に入れるための手と目の使い方をします。
- 他にも写真35，36，41，42のような横から棒を入れる教材も使います。

> このような実態にある子どもの場合，少し長く，太めの棒からはじめましょう。

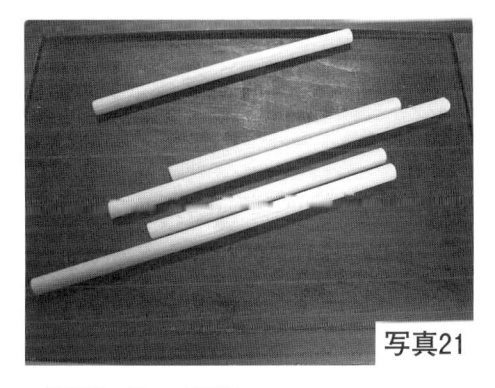

写真21
長さ25〜10cm，直径1cm
材質は木，円柱

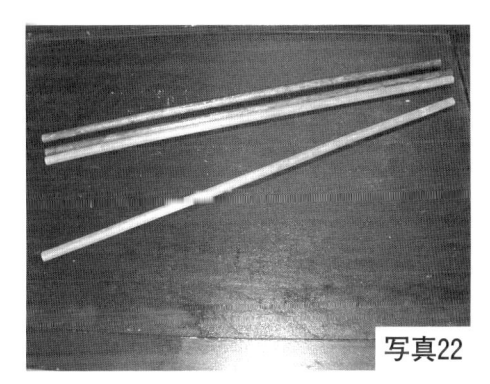

写真22
長さ25〜10cm，直径5mm
材質は木，円柱

第2章　障碍のある子どものための基礎学習

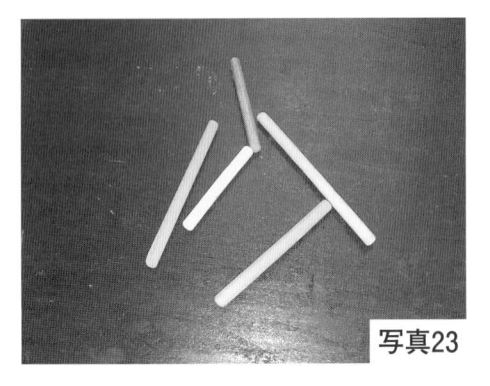

写真23
長さ10〜5cm，直径1cm
材質は木，円柱

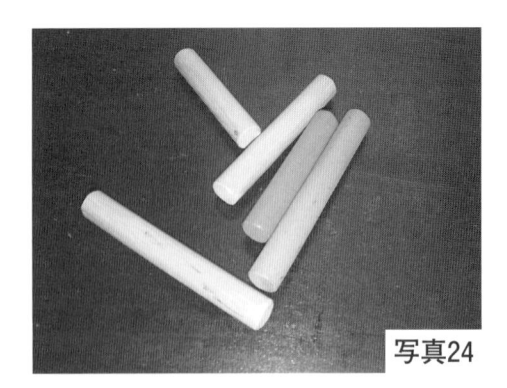

写真24
長さ10〜5cm，直径5mm
材質は木，円柱

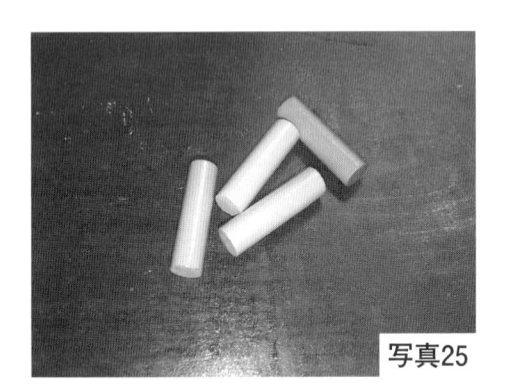

写真25
長さ5cm，直径1cm
材質はプラスチック，円柱

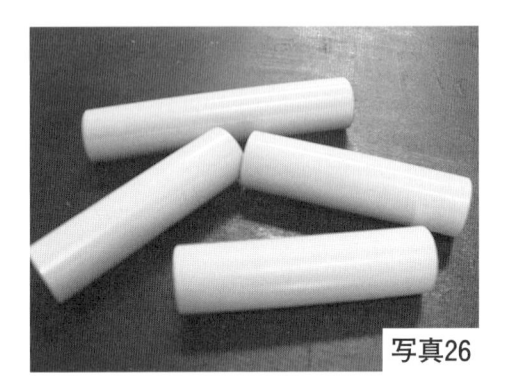

写真26
長さ7cm，直径1.5cm
材質はプラスチック，円柱

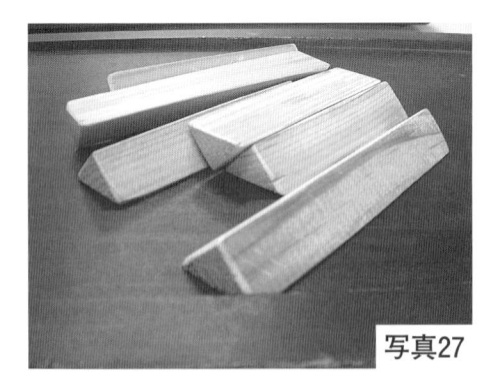

写真27
長さ10〜5cm，2cm角
材質は木，三角柱

写真28
長さ6〜1cm，1cm角
材質はプラスチック，四角柱

1　文字・数の基礎学習

写真29

器の高さ30cm
穴の直径1.2cm

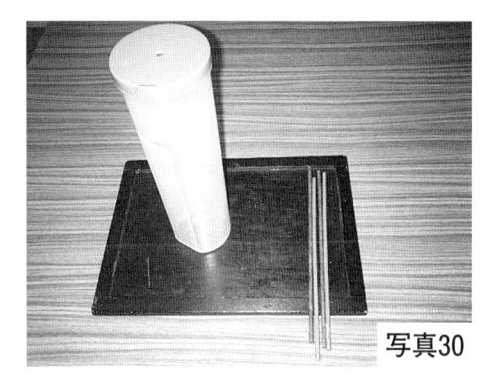

写真30

器の高さ7cm
穴の直径7mm

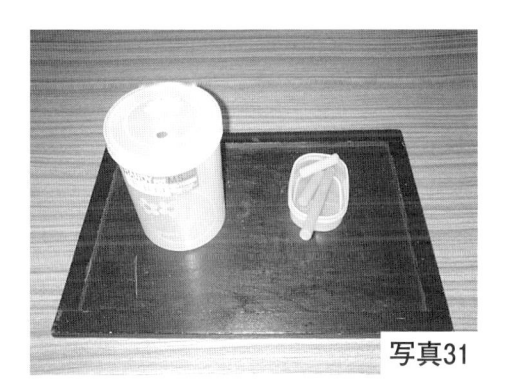

写真31

器の高さ7cm
穴の直径1.2cm

写真32

器の高さ7cm
穴の直径7mm

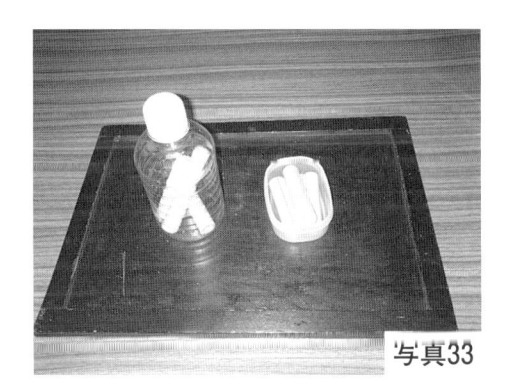

写真33

器の高さ17cm
穴の直径2cm
ペットボトル

写真34

器の高さ17cm
穴の直径8mm
ペットボトル

第2章　障碍のある子どものための基礎学習

写真35

器の高さ7cm
穴の直径1.2cm

写真36

器の高さ7cm
穴の直径7mm

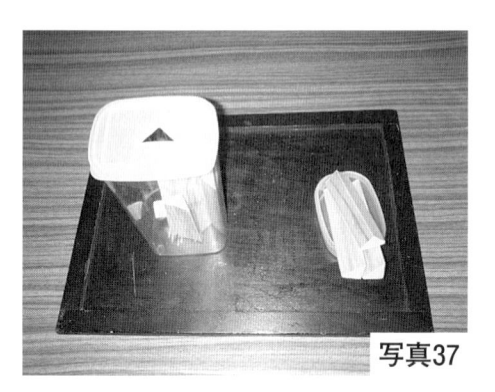

写真37

器の高さ15cm
穴の直径2.1cm

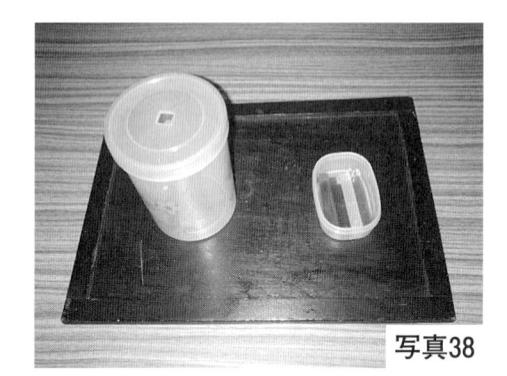

写真38

器の高さ12cm
穴の直径1.1cm

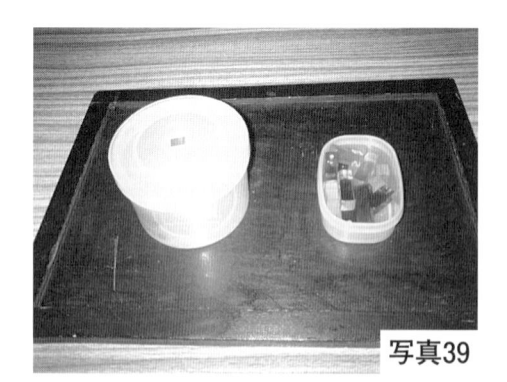

写真39

器の高さ6cm
穴の直径1.1cm

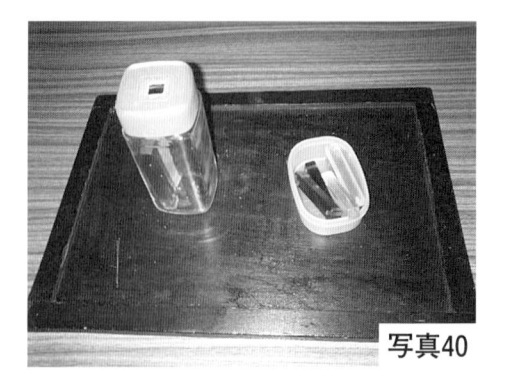

写真40

器の高さ12cm
穴の直径1.1cm

1　文字・数の基礎学習

写真41
器の横に，2.1cm角の穴があいており，
高さ5cm
三角柱

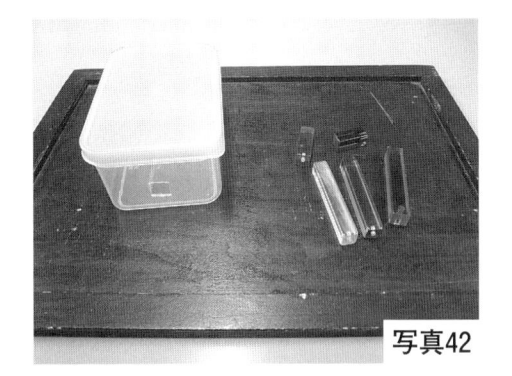

写真42
器の横に，1.1cm角の穴があいており，
高さ5cm
四角柱

39

支援方法

- 子どもははじめ，棒の方向が分かりませんので，係わり手は子どもの手首を回転させたり，棒の先端を器の穴に少し入れたりと，子どもが分かりやすい支援をします。
- それぞれの子どもの発達段階に合わせた棒の長さと器の高さなどをよく考えて，子どもに教材を提供することが必要です。
- 棒も円柱，三角柱，四角柱とあります。
- 円柱の棒は，器にあいている穴のどの方向に向けて入れようとも入れることができます。
- しかし，三角柱は，器にあいている三角形の3つの角を合わせて入れなくては，さまざまな長さの三角柱の棒を入れることはできません。
- さらに，四角柱は，器にあいている四角形の4つの角を合わせて入れなくては，さまざまな長さの四角柱の棒を入れることはできません。
- 係わり手は，子どもが指先で微調整をしながら，横にあいた穴に三角柱や四角柱の棒を入れることができるように注意を払うことも必要です。

> 棒は長いものからはじめ，少しずつ短いものにしていきます。

> 円柱→三角柱→四角柱の順に課題を遂行します。

> 器の高さもさまざまなものを用意します。子どもは，器が高いときは棒を入れにくいので，自然ともう片方の手で器が安定するように支えようとします。

課題遂行時に見るべきところ

- 子どもが棒を上手に器の穴に入れるためには，棒と穴の関係を理解し，棒の持ち方，手首の返し方など，細かい手の使い方が必要になります。
- 子どもが，棒を器の穴に入れるときの手の使い方を観察します。
- 器に高さがあるときは，もう片方の手で器を支え，安定させながら棒を入れようとしているかを観察します。

> 棒を手のひらで握っているか，指先で力を調節しながらつまんでいるかなどをよく観察します。そして，これらに目が参加しているかも観察します。

課題4　ボタン入れ課題

目 的

　位置や方向を考え，指先で調整しながら，さまざまな大きさのボタンやおはじきなど平たい物（写真43，44，45，46，47）を，器（写真48，49，50，51，52，53，54，55）の穴に入れます。

> さまざまな太さや厚さ，材質（プラスチック，ガラスなど）の違った素材のボタンを用います。

教 材

- ボタン入れの教材は，さまざまな大きさのボタンやおはじきなど平たい物を，その位置や方向を判断しながら器の穴に入れる手と目の使い方を学ぶ教材です。
- 他にも図52，53，54，55のような横からボタンやおはじきを入れる教材も使います。

写真43

丸ボタン，プラスチック
直径3cm
厚さ5mm

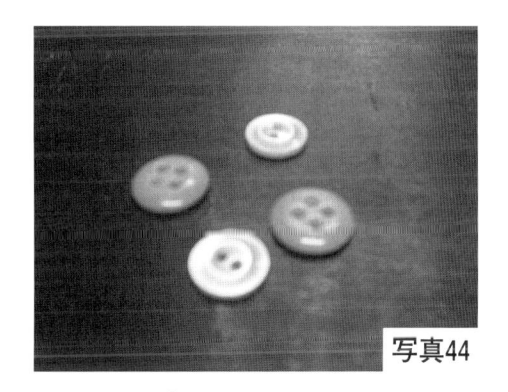

写真44

丸ボタン，プラスチック
直径1.5cm
厚さ3mm

第2章　障碍のある子どものための基礎学習

写真45

四角ボタン，プラスチック
1.5cm角
厚さ3mm

写真46

四角ガラス
1.3cm角
厚さ5mm

写真47

おはじき
直径1.8cm
厚さ3mm

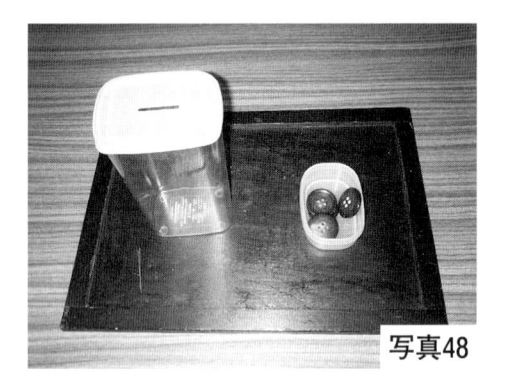

写真48

器の高さ16cm
穴の大きさ3.2cm

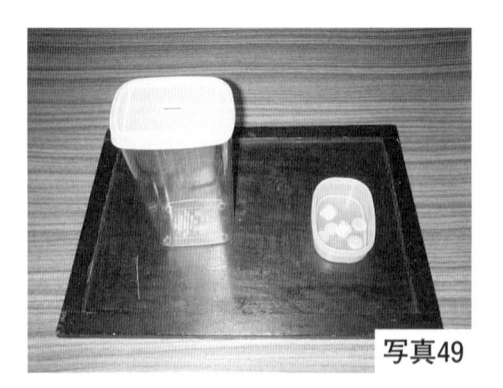

写真49

器の高さ16cm
穴の大きさ1.7cm

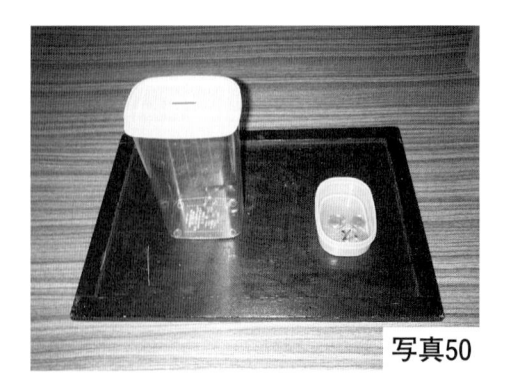

写真50

器の高さ16cm
穴の大きさ1.5cm

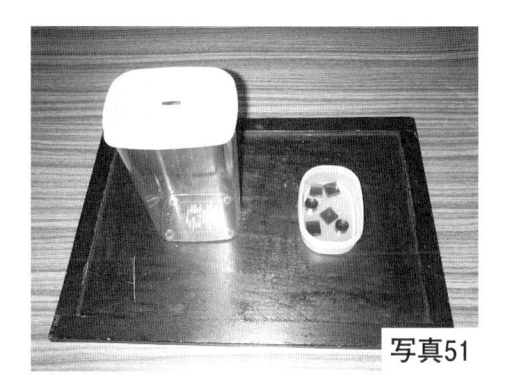

1 文字・数の基礎学習

写真51
器の高さ16cm
穴の大きさ2cm

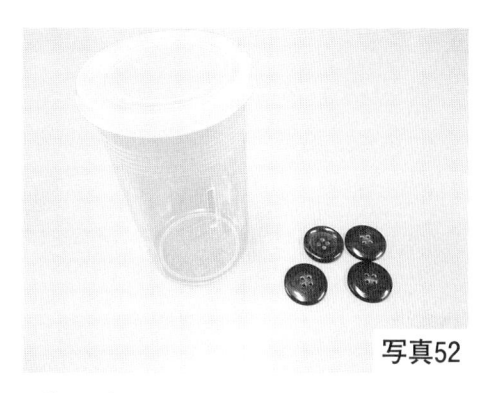

写真52
横から入れる
器の高さ13.5cm
穴の大きさ3.2cm

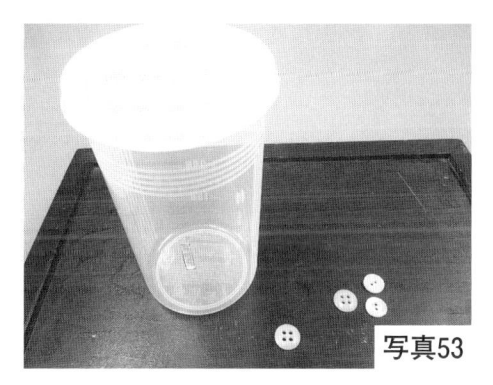

写真53
横から入れる
器の高さ13.5cm
穴の大きさ1.7cm

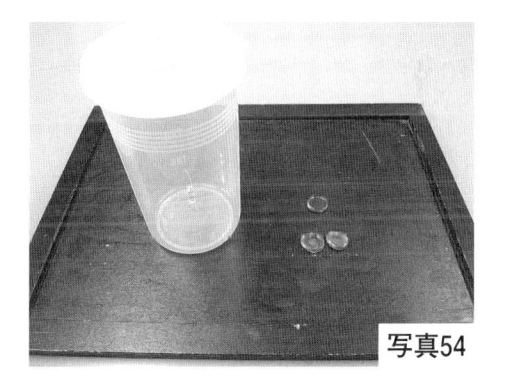

写真54
横から入れる
器の高さ13.5cm
穴の大きさ1.5cm

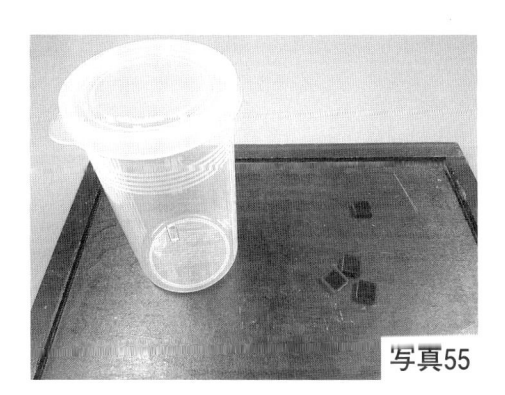

写真55
横から入れる
器の高さ13.5cm
穴の大きさ2cm

支援方法

- 係わり手は，穴の位置や向きを理解させるために，子どもに指先で穴をたどらせ，大きいボタンから小さいボタンの順に手渡し，ボタンを縦方向や横方向に入れるように支援します。
- それぞれの子どもの発達段階に合わせたボタンの大きさと器の高さなどをよく考えて，子どもに提供することが必要です。
- 器も横方向，縦方向と提示をすることで，手の使い方も目の使い方も違ってきます。
- 器もそれぞれ高さが違います。器が高いときには，子どもはボタンを入れにくく，自然ともう片方の手で，器が安定するように支えようとします。

> ボタンの大きさは，大きいボタンから小さいボタンへと課題を進めます。

> 子どもからすれば，縦方向，横方向とそれぞれ入れることで，手と指の使い方，さらには目の使い方も違ってきます。

課題遂行時に見るべきところ

- 子どもが自分で器の穴を見て，その穴の大きさに合うボタンが，皿などの中にあるという予測を立て，ボタンを探して，器の穴に入れるというボタンと穴の関係を理解した手と目の使い方をします。係わり手は，探すという行動が生起しているかどうかを観察することが大切です。
- たとえば，力を調節しながらボタンを指先でつまんでいるかなどをよく観察します。そしてこれらに目がどのように参加しているかも観察します。
- また，器に高さがあるときは，もう片方の手で器を支え，安定させながらボタンを入れようとする行動がみられるかを観察します。

> はじめはボタンを1つずつ子どもに手渡し，やりとりしながら課題を遂行します。

> 子どもがボタンを上手に器の穴に入れるためには，ボタンと穴の関係を理解しボタンのもち方，手首の返し方など細かい手の使い方が必要になります。

1　文字・数の基礎学習

課題5　スライド式型はめ課題

目　的
形を理解するための目や手の使い方を学ぶために，滑らせる手の使い方の基礎的な学習をします。

教　材
- 型（木片）を滑らせて型穴に入れるための教材（図7－1，2）です。
- 手を直線的に動かすためには，終点を見て，手の運動を開始し，方向づけ，そこに至るまで手の動きを持続的に調節していく必要があります。
- 微妙な手の動きの調節が求められます。
- その手の動きに目が参加することによって直線的な目の動きの調節が起こり，注視する，追視する，見比べるなどの目の使い方ができるようになります。
- 図8－1は，円を描くように手を持続的に動かす教材です。他に三角（図8－2），四角（図8－3）も準備します。

> 左端から型穴へ
> 右端から型穴へ
> そして教材提示を縦方向にすることで，
> 上から型穴へ
> 下から型穴へ
> と手を動かします。
> （図7－1）

> 図8－1〜3のように，さまざまな図形を用意します。

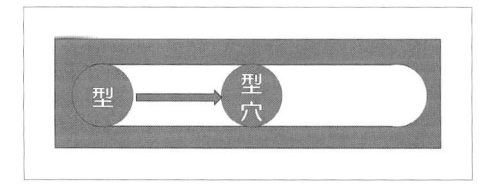

図7－1

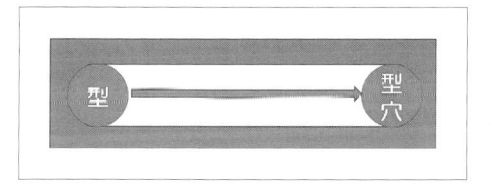

図7－2

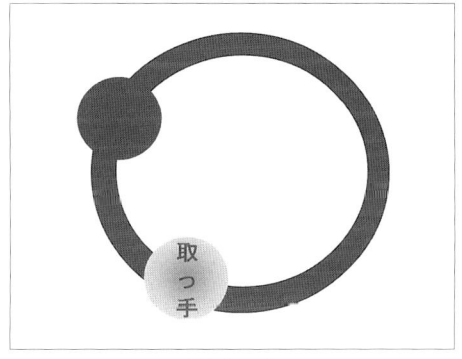

図8－1

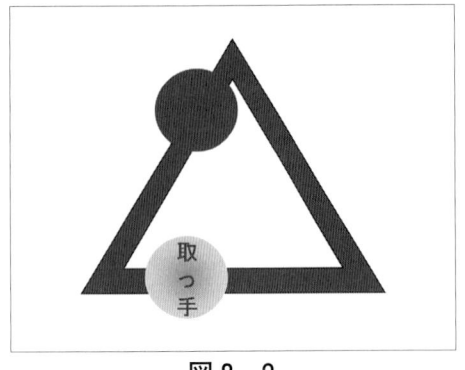

第2章　障碍のある子どものための基礎学習

図8-2

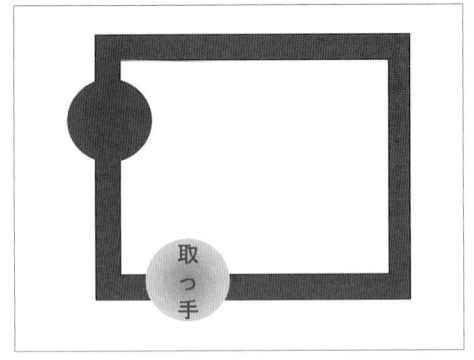

図8-3

支援方法
- スライド式型はめ教材（図7-1, 2）は，直線的な目や手の運動を引き起こすためのものです。
- スライド式型はめの学習では，溝に導かれた手の動きを目で見て型穴の方に方向づけ，手元と型穴を見比べ，さらに手の運動を方向づけ，型穴に型を入れます。
- 係わり手はそこで，手元を見る，型穴を見る，手元と型穴を見比べるという目や手の使い方が起こるように支援します。

課題遂行時に見るべきところ
- スライド式型はめの課題では，型と型穴の関係を理解できず，木片をとって投げる，口に持っていくなどの行動が起こり，課題が成立しないこともあります。
- そのような場合，滑らせる手の動きを引き出す取っ手付きスライドの教材（図8-1, 2, 3）からはじめるよう

> 子どもが1人で課題を遂行することができない場合，係わり手は子どもの手を持ちガイドして，手の持続的な動きを支援します。

> 型穴に型が入ると，光や音が出るような工夫をすることで，子どもは自分で行った結果をフィードバックすることができます。

に配慮をします。
- 丸，三角，四角の3種類の基本図形の取っ手付きスライドを使用して学習を進めます。
- また，直線の取っ手付きスライドを使用して学習を進めることもあります。
- この学習では，溝に沿って手を動かすことが要求されるので，輪郭線をたどる目の動きが起こります。
- 取っ手付きスライドの学習は，溝に沿った手の動きや目の動きが起こるように支援をします。

第2章　障碍のある子どものための基礎学習

2　概念行動形成の基礎学習

（1）運動の直線性

　私たち人間が道具を使用し，言葉による交信関係が可能となるためには，より操作的，課題解決的な状況に応じた人間行動の基礎を形成しなければなりません。

　そのためには，運動の調節，特に，強すぎる運動の力をいかに抜くかが問題になってきます。物を持ったり，触ったりする手の力を抜くとともに，ギクシャクしたとめどもない目の動きの力も抜かなければなりません。そのために係わり手は，運動のきっかけとなって方向性を与える質のよい教材の開発と，タイミングのよい提示の工夫が必要となるのです。

　ある運動の力が抜けなければ，その運動を基に組み合わされた新しい運動は起こりません。

　たとえば，鉛筆で線を引くときには，3つの力の合成を必要とします。鉛筆を持つ力，押しつける力，滑らせる力です。ギュッと握り締めると，その力があまりに強すぎて，一定の場所に鉛筆の先を置くことができない上，押し付ける力も強くなり，筆先が滑りません。たとえ線が引けたとしても，滑らかな一定の方向をもつ線とはならないのです。

　そこで，図7－1，2などの教材を用いて，滑らせる運動のきっかけを与え，方向づけや持続的調節を身につけて，力を抜く学習をする必要があるのです。

　力を抜くとともに，運動の直線性も概念行動形成の基礎となります。

　直線性とは，ある運動が開始し，方向づけられ，持続的に調節され，やがて終了するまでの一連の運動を自己統制する過程のことを言います。

　私たちは当たり前に行っていることですが，運動を持続的に調節することや自

分で運動のきっかけをつかみ，運動を開始し，方向づけ，自分で運動を停止することは，意外に難しいことなのです。

空間的な外界の理解に至るまでの受容の高まりが基礎とならなければ，運動の直線性はもたらされません。

たとえば自閉症の子どもの場合，その動きはすばやく，めまぐるしいほどであり，一見すると視覚的な行動ととらえることができます。しかし，その視覚の使い方はきわめて瞬間的であり，その時々の外界との出会いの偶然性に引きずられた行動なので，人間の行動の基礎が形成されているとは言えません。

このような場合，視覚を十分に使って，運動を持続的に調節し，運動の開始，方向づけ，停止に視覚が役立つような学習法を考えていかなければなりません。

つまり，視覚による受容が，位置関係の理解にまで高められなければならないのです。左右，上下，奥行きの3次元の空間を直ちに理解させることは，もとより無理なことです。「穴から棒を抜く・刺す，一定の場所から物をとる・元の場所に置く」などの運動は，ある位置から始まって，その位置からある特定の方向としてのもう1つの位置が成立します。この2つの位置が直線の両端となり，その直線の真ん中から，2つの運動方向が分化することを，運動の直線性と言います。

このように基準を設け，そこを拠点として運動の分化ができるようになると，位置の関係の理解の基礎となり，運動を開始し，方向づけ，持続し，停止するための受容の様式の高次化が図られ，概念行動形成の土台となるのです。

（2）方向づけ・位置づけ・順序づけによる外界の構成

力を抜くことによって新しい運動が組み立てられ，位置の関係の理解にまで受容

第2章　障碍のある子どものための基礎学習

が高められて、運動の自発性がもたらされたとき、今までバラバラであった外界の刺激が、急速に1つのまとまりを持ち始め、その子どもは、次々に外界の新しい関係を発見します。

このとき、その子どもなりに、「外界が構成された」と言えます。

これらの外界の構成を基にして、次第に方向づけ、位置づけ、順序づけが可能となり、係わり手は形の弁別、組み立て、構成の学習へと進めていきます。

第1章でも述べたように、「三角形は大きさや置かれている方向、実図形、輪郭図形、あるいは、3つの点で示されようと、三角形は三角形である」という「等価変換」による形の学習は、概念行動形成の基礎であり、言葉の成り立ちの土台となります。

そして、思考し、創造し、時空間（時間と空間。その時々の子どもがおかれている状況：朝の会、個別学習の時間など）を軸として、自己の精神活動（心の活動。知能、感情、意欲、思考、行動など）が確立され、活発になる出発点となります。

係わり手は、力を抜くこと、運動の直線性をもたらすことから、方向づけや位置づけ、順序づけにより外界を構成すること、さらには弁別、組み立てによって形を構成する学習へと段階的に進めていきます。また、その子ども自身の感覚を使って、よく統制された触・視空間が成立すれば、外界に対し、基準によって操作的に働きかけることが可能となります。

同異の判断を基本として、比較、分類、並列の学習へと進むことで、記号操作の学習（文字・数の学習）の土台を築くことができます。

そして、枠組みの中の位置や方向の弁別（＊1）、図形の重なり合いの学習（＊2）を基礎として、文字を記号として操

作することが可能となり，文字教育の最も重要な基礎が確立します。

　さらに，左右対称の関係がつり合いとして理解され，原点が基準化され，単位による拡大・縮小が可能となります。そして，いくつかの次元を自由に組み替えられる変換の自由性が深まれば，数記号操作の基礎学習が可能となり，存在の本質をより明確にしようとする精神活動の原動力が形成されるのです。

　教師や保育士など係わり手は，形の弁別や分解・組み立て，構成学習を通して，位置づけや方向づけ，順序づけが可能となる学習場面や学習内容を工作する必要があります。

第2章　障碍のある子どものための基礎学習

＊1の学習

目　的

見本と同じ位置に丸の木片や棒などをマス目に置くことで，文字構成の基礎を学びます。

教材と学習内容

右図のA，Bは，マス目内の位置を学習するための教材です。

この教材を使い，見本を見ながら左右，上下，斜めの位置の学習（図C）を行います。マス目内の位置の学習は，係わり手が見本として丸の木片や棒を中心から移動し，子どもがそれと同じ位置に丸の木片や棒を移動します。

また，図Dは平仮名の「あ」です。

「あ」の字の1画目は，横線を上方に，2画目は，縦線を中央に書きます。

日本語の文字はマス目に配置されるように作られています。ですから，マス目内の位置の学習は，文字学習の基礎となります。

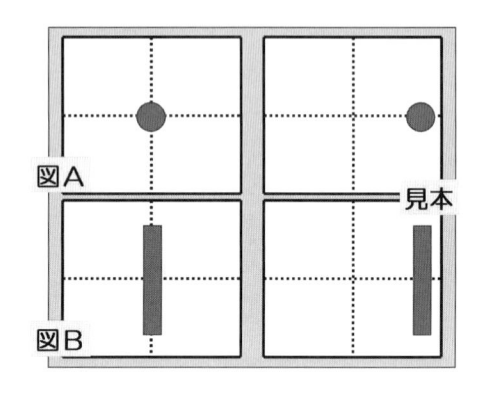

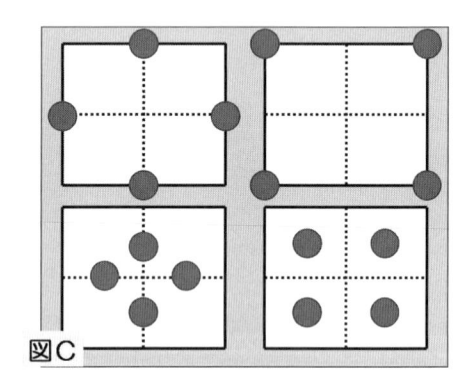

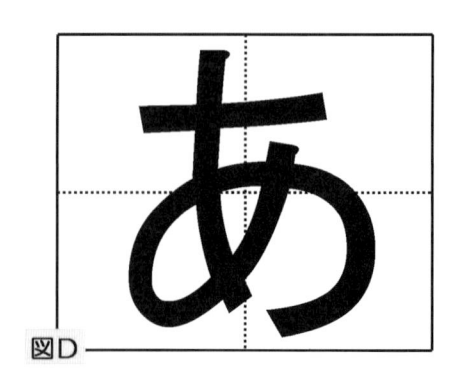

＊2の学習

目 的

　丸，三角，四角の形を重ね合わせることで，文字構成の基礎を学びます。

教材と学習内容

　右図のE～Hは，台紙に透明板を重ね合わせ，文字構成の基礎を学習するための教材です。

　図Eの教材は，台紙に透明板を重ね合わせます。

　図Fの教材は，透明板DとEを，台紙A2～6に重ね合わせます。

　図Gの教材は，透明板F～Hを，台紙B2～6に重ね合わせます。

　図Hの教材は，透明板I～Lを，台紙C2～6に重ね合わせます。

　直線や曲線を組み合わせて形を構成することは，文字学習の基礎となります。

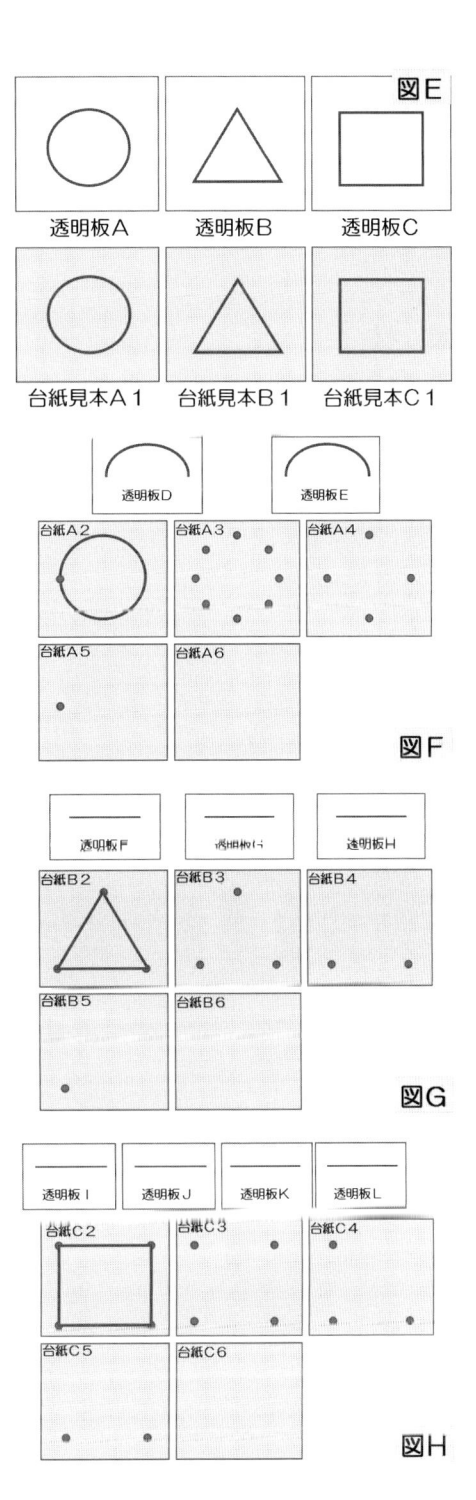

第2章　障碍のある子どものための基礎学習

課題1　棒刺しの学習

目　的

子どもは，皿などから棒（写真56，57）を探し，穴または筒（図9，10，11，12，13，14）に刺します。

> 1本の場合は，穴を探し棒を刺すことが目的となります。
> 3本の場合は，操作的・選択的に左中右，上中下を弁別することが目的となります。
> 5本の場合は，図15，16のように順番などを学ぶことが目的となります。

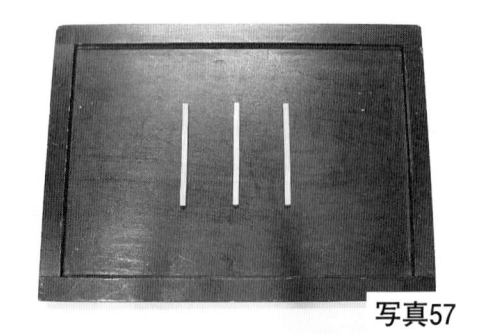

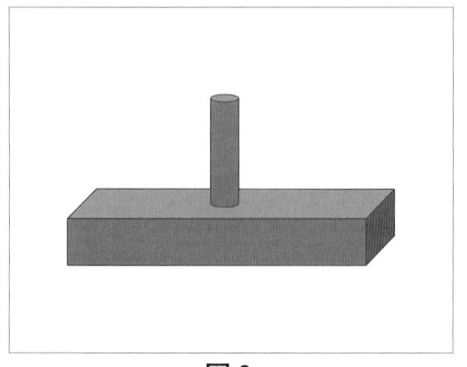

教　材

棒刺し教材は2種類あります。
- 平らな板の穴に棒を刺すタイプ（図10，12，14）と，
- 筒に棒を刺すタイプ（図9，11，13）です。

棒刺しの学習は，1本，3本，5本の場合が考えられます。

写真56

写真57

図9

図10

54

2　概念行動形成の基礎学習

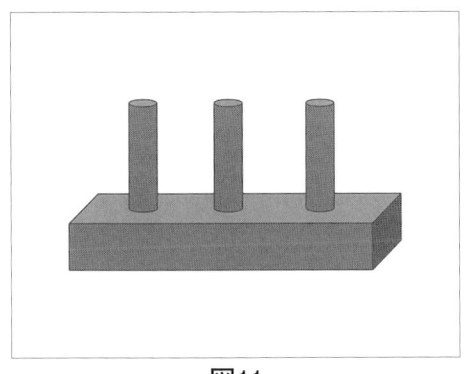

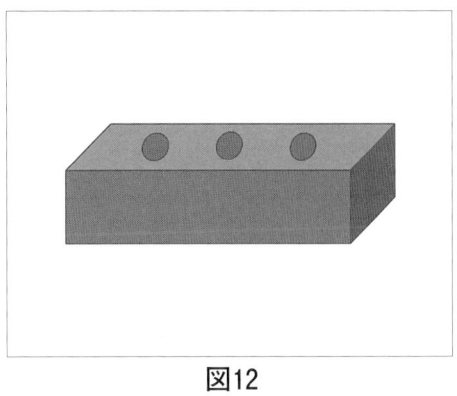

図11

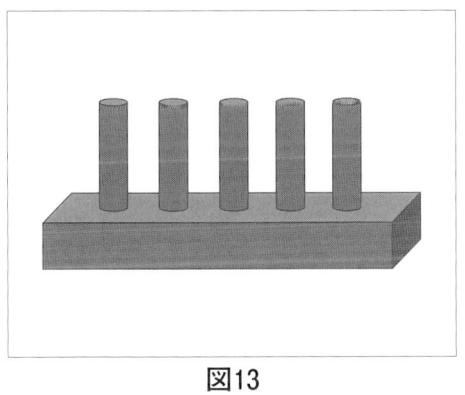

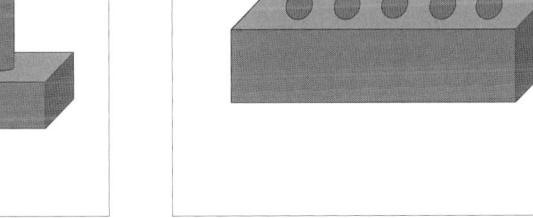

図12

図13

図14

課題1-1

1本の棒刺しの学習（図9，10）は，
- 棒を刺す穴を見る，
- 棒を持つ，
- 棒と穴を見比べて棒を刺す

という目や手の使い方の学習になります。
　また，課題は次の2種類あります。
- 筒に棒を刺す課題（図9）
- 棒を穴に刺す課題（図10）

- 棒刺しの学習は，棒の一部を持ち，棒の先端を見て，棒の先端と穴を見比べ，穴に刺すという特徴をもっています。
- 道具を使用するとき，たとえばスプーンを使うときは，柄を持ってスプーンの先端を見ながら食べ物をすくいます。
- このように棒刺しの課題と道具の使用は，目や手の使い方が共通しています。

図9

図10

> 道具の使用との共通性を利用した学習が，棒刺しの学習です。

支援方法

- 支援のポイントは，子どもが自発的に穴を見て，棒を探し，刺すというような，目の使い方と両手の協応ができるように支援します。その目的は，道具を使うための基礎的な行動を高めることにあります。

> 子どもの手の状態に合わせて，棒の太さや長さを考えることが大切です。

課題遂行時に見るべきところ

- 係わり手は，子どもが穴を見て，棒を探し，棒と穴を見比べて棒を刺すという目の使い方をしているかをよく観察

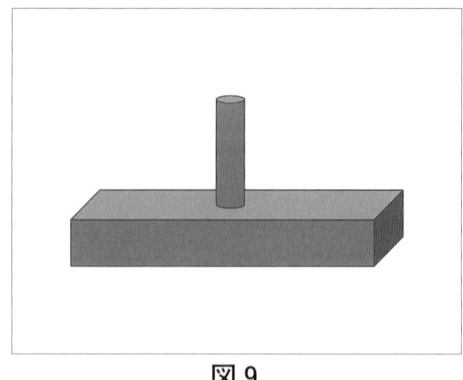

します。
- また，棒を刺すときに安定するようにもう片方の手で台や筒を押さえ，両手の協応がみられるかを観察します。

第2章　障碍のある子どものための基礎学習

課題1-2

3本の棒刺しの学習（図11，12）は，位置と順序の学習の最初の段階の学習になります。

- 棒刺しの初期の段階では次のような行動を示すと予想されます。
    - 最初に真ん中の穴に棒を刺し，次に左端または右端のどちらかに棒を刺し，最後に残りの穴に棒を刺します。
    - 真ん中を基準にして左，右というように位置を確かめて棒を刺します。

また，課題は次の2種類あります。
  - 筒に棒を刺す課題（図11）
  - 棒を穴に刺す課題（図12）

- 棒刺しの課題では，
    - 真ん中を基準にして棒を刺す段階から，
    - 左側または右側を基準にして棒を順番に刺す段階へと

  変化していきます。
- そこに順序が生まれます（図15，16）。
- つまり，位置を基準にした棒の刺し方と順序を基準にした棒の刺し方があります。

> 子どもは，次の穴を目で探し棒を刺すようになります。
> 次の次というふうに穴を探し順序がでてくるのです。その結果，棒を順番に刺すようになります。

> 係わり手は子どもの基準作りを意識します。

> ポイント
> ・位置を基準
> ・順序を基準

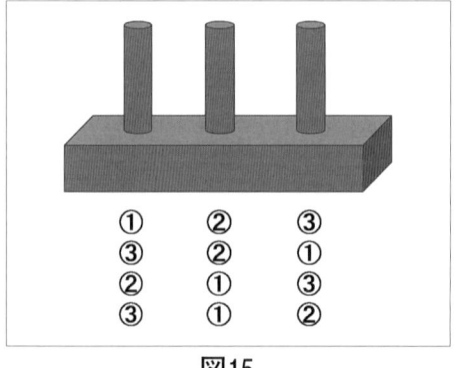

図15

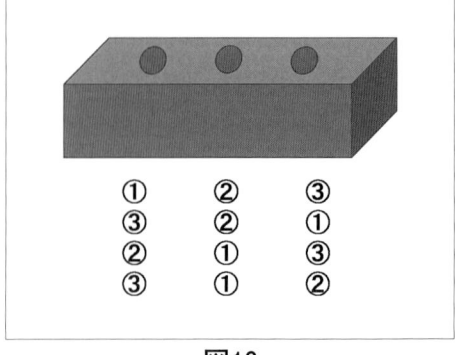

①	②	③
③	②	①
②	①	③
③	①	②

図16

①	②	③
③	②	①
②	①	③
③	①	②

支援方法

- 子どもが，左から順番にまたは右から順番に刺すことができない場合，つまり，ランダムに棒を刺していく場合，写真58のような教材を用います。
- 係わり手が先に上段に棒を刺し，その直後に子どもが，下段に棒を刺していきます。
- 係わり手は，左からまたは右からなど，順番に子どもと交互に棒を刺していきます。

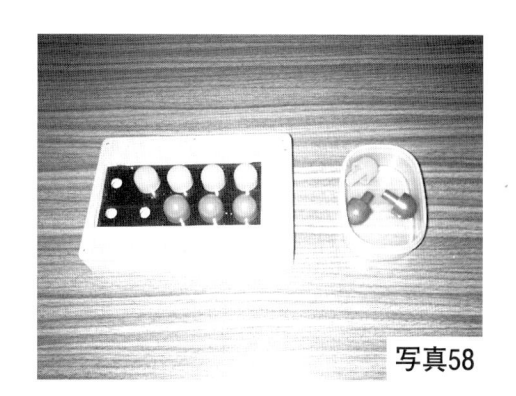

写真58

課題遂行時に見るべきところ

- 棒さしの課題でみられる行動で，刺した棒の上に次の棒を刺そうとする子どももいます。
- 同じ位置に2つの棒を刺すことはできないので，子どもは，次に棒を刺す穴を探すことになります。
- 手に持った棒は刺す棒ですが，1度刺された棒は「そこにはもう刺すことができません」ということを視覚的に示す棒となります。

> 係わり手は子どもの行動を修正するのではなくて，どのように課題に向かっているかを観察することが大切です。

課題1-3

5本の棒刺し課題（図17, 18）でも，次のような行動を示します。

- 真ん中を1番先に刺して，両端の左右を刺し，両端と真ん中の間の穴に棒を刺します。
- 真ん中，右，左というように左右交互に棒を刺していきます。
- 大抵の人は左から順番に棒を刺していくと思います。真ん中を基準として考えると，この順序は一見間違っているように見えますが，決してそうではないのです。
- いずれ左から順番にまたは右から順番に刺すようになります。

また，課題は次の2種類あります。
- 棒を筒に入れる課題（図13）
- 棒を穴に刺す課題（図14）

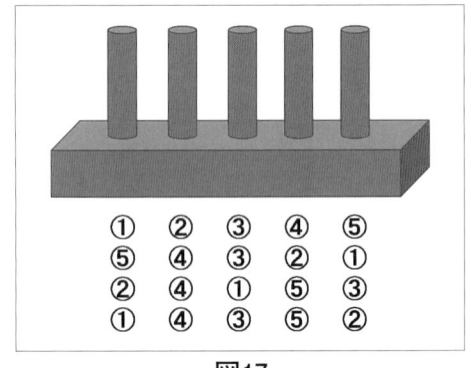

① ② ③ ④ ⑤
⑤ ④ ③ ② ①
② ④ ① ⑤ ③
① ④ ③ ⑤ ②

図17

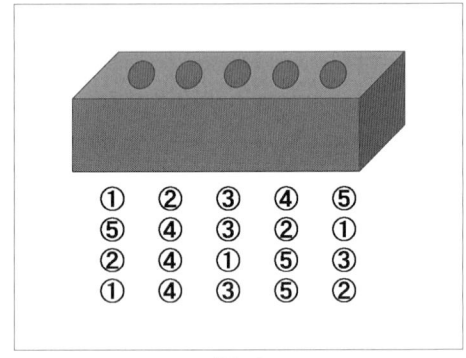

① ② ③ ④ ⑤
⑤ ④ ③ ② ①
② ④ ① ⑤ ③
① ④ ③ ⑤ ②

図18

支援方法

- 子どもが，左から順番にまたは右から順番に刺すことができない場合，つまり，ランダムに棒を刺していく場合，写真58のような教材を用います。
- 係わり手が先に上段に棒を刺し，その直後に子どもが，下段に棒を刺していきます。
- 係わり手は，左からまたは右からなど，順番に子どもと交互に棒を刺していきます。

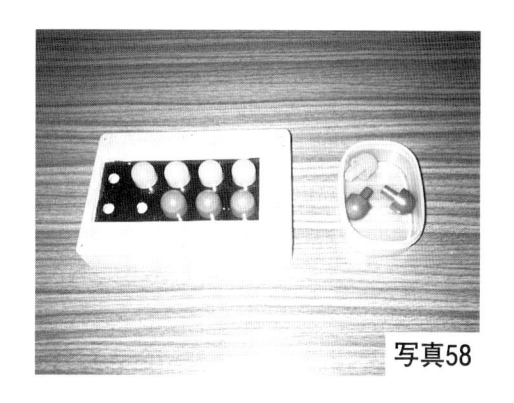

写真58

課題遂行時に見るべきところ

- 偶然目に入った穴に棒を刺すときの目の使い方と，目で探して見つけた穴に棒を刺すときの目の使い方は異なります。
- 課題遂行時，子どもがどのように目を使っているか，たとえば棒と穴を見比べているかなどを観察します。
- 子どもが何を基準に棒を刺しているかを観察します。
- 具体的には，ランダムに棒を刺しているか，位置を基準にして棒を刺しているか，順序を基準にして棒を刺しているかを観察します。

> 係わり手は，次，次の次を意識させることが大切です。

> ポイント
> ・ランダム
> ・位置を基準
> ・順序を基準

課題2　型はめの学習

目　的

触覚での受容能力を高め，目（視覚）と手の協応をうながすために，型を型穴に入れることを通して，形の弁別や分類の基礎を作ります。

教　材

- 写真59，60，61は，丸，三角，四角の基本図形の型はめ教材です。
- 型はめの学習は，まず基本図形を型穴に入れることからはじめます。
- 型はめの学習は，型を持ったときの手の感触で形を把握できるところにその特徴があります。
- 丸の型はめは，どの方向からでも型穴に入れることができます。しかし，三角や四角は，角を合わせたり縁を合わせたりしなければ入りませんので，難しい課題となります。

> 基本図形から類似図形へと課題を遂行します。

> 丸→三角→四角の順番で課題を遂行します。

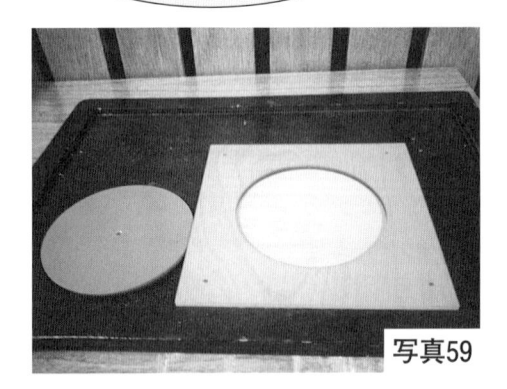

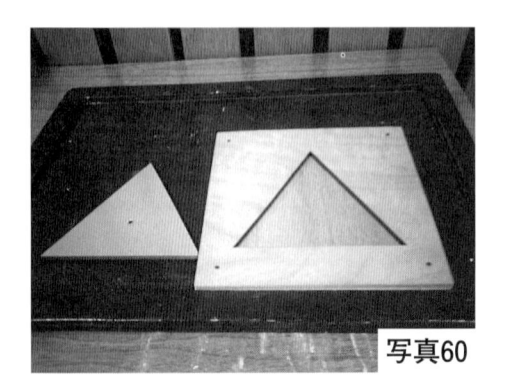

写真59

写真60

写真61

課題 2 − 1

● 図19のように子どもに型と型穴を提示します。

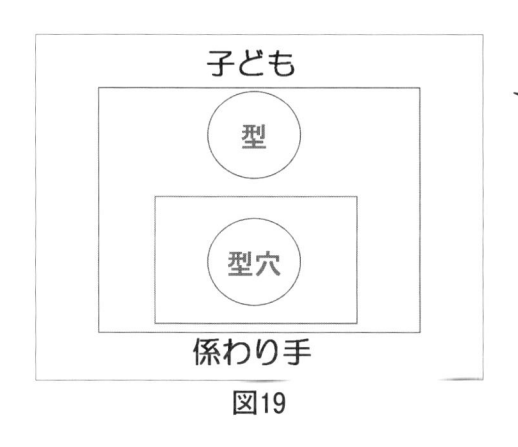

```
           子ども
    ┌──────────────┐
    │      型       │
    │   ┌──────┐   │
    │   │ 型穴  │   │
    │   └──────┘   │
    └──────────────┘
          係わり手
```
図19

> 係わり手は，子どもの隣か，90度の位置に座るのがベストです。図19のように向かい合わせに座ることは，子どもに威圧感を与えてしまう場合があります。

● 子どもに型と型穴を十分に触らせます。そして，子どもは型を型穴に，
  ・型をずらして縁を合わせて入れる
  ・型と型穴の角を合わせて入れる
  ・型を回転させて入れる
  ・底辺を合わせて入れる

など，どのように入れるかをよく観察します。

> 係わり手は，子どもがどのように型を型穴に入れるかをよく観察し，ガイド方法を考えることが大切です。

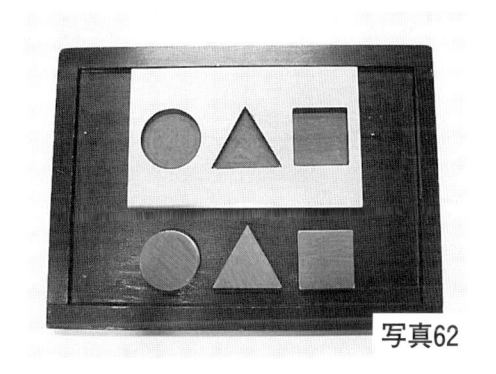

● 子どもの課題遂行状況をよく見ながら，必要最低限のガイドや言葉がけを行います。
● 丸，三角，四角の基本図形が完了したら，写真63〜70のような類似図形へと課題の高次化を図ります。
● また，写真62のような教材を用い，丸，三角，四角の弁別学習の基礎学習を行います。

写真62

第2章　障碍のある子どものための基礎学習

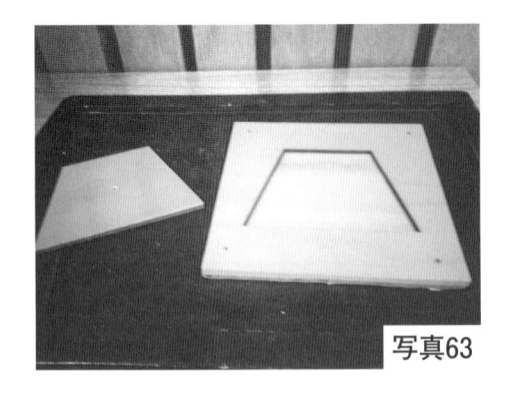

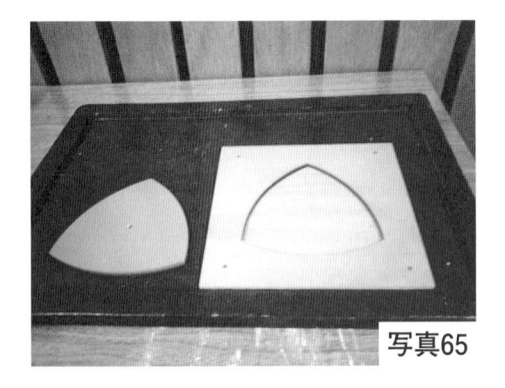

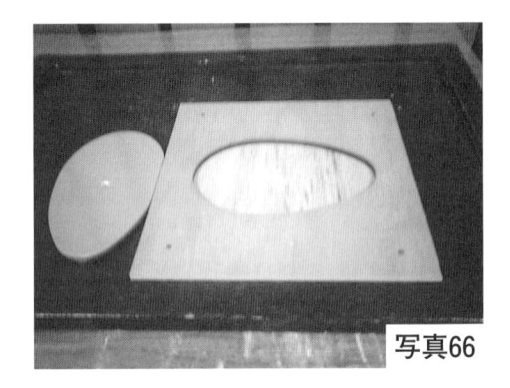

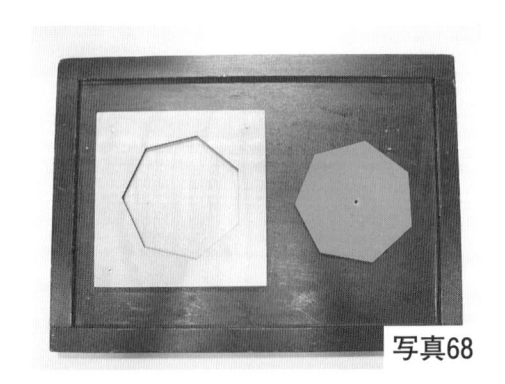

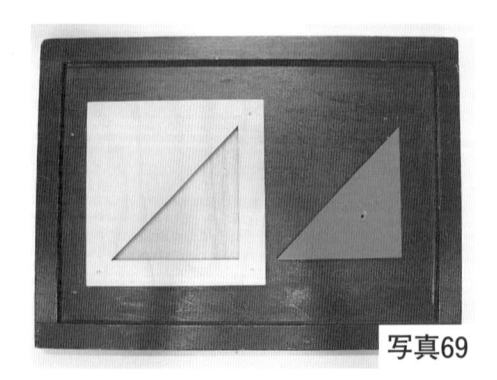

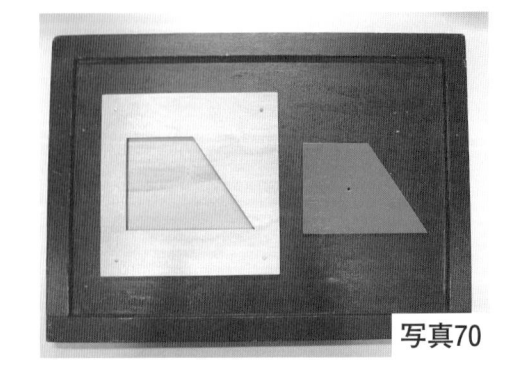

写真63

写真64

写真65

写真66

写真67

写真68

写真69

写真70

64

支援方法

- 型はめの学習では、子どもは型穴の上で型をすべらせたり回転させたりしながら型を型穴に入れます。
- そして、型の縁と型穴の縁を合わせる、型の角と型穴の角を合わせるなど、目と手の協応が起こり、形の理解へとつながります。
- 係わり手は、子どもが型を手でわしづかみしたり、型穴の中で手を広げたりするように支援を行います。
- また、手で型穴や型の縁を触る、それを見るという手や目の使い方によっても、輪郭線が浮き上がってきます。

> 子どもは触ることを通して、型と型穴の形が同じだということを学びます。

課題遂行時に見るべきところ

- 型はめの学習では、目や手を使って形の学習を行うので、その動きを係わり手が的確に把握することが大切です。
- 手で型をどのように持つか、型穴をどのように触るか、それに目がどのように参加しているかを観察します。
- 目や手の動きの観察を通して、子どもがどのように形を把握しているかがわかり、支援の内容・方法のヒントが得られるのです。
- 型はめの学習のとき、一瞬の動作で気がつかないことも多いですが、型を口でちょっとなめる子どもがいます。
- 私たちは、目や手を使って形を学習していくと考えていますが、赤ちゃんがものを口に入れるように、子どもはちょっとなめることによって、「とがっている」、「丸い」などの形の特徴を理解することができるのです。
- 目や手だけでなく口も観察すると、新たな子どもの活動が見えてきます。

課題3　竹串刺しの課題

目　的
　図形を理解するために，竹串を刺して形（写真71〜79）を作ります。

教　材
- 写真71，72，73は，竹串を連続的に刺して丸，三角，四角の基本図形を作る教材です。
- 基本図形の後は，写真74〜79の類似図形を同様にして形を作っていきます。
- この教材は，子どもが竹串の形をなぞる手の動きをする，それを目で追って見ることでその動きを調節します。
- つまり，手の動きを追視することで，目の動きの調節が可能になる教材となります。

> ここがポイントです。手の動きに追随する目の動きです。

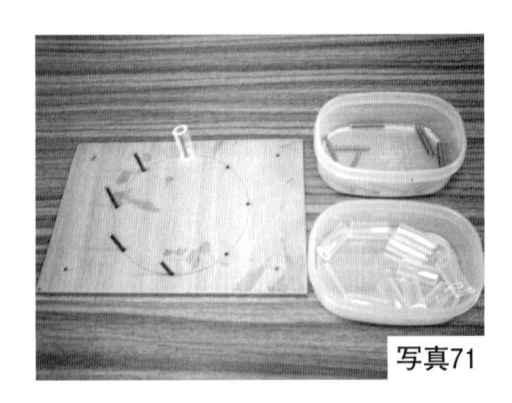

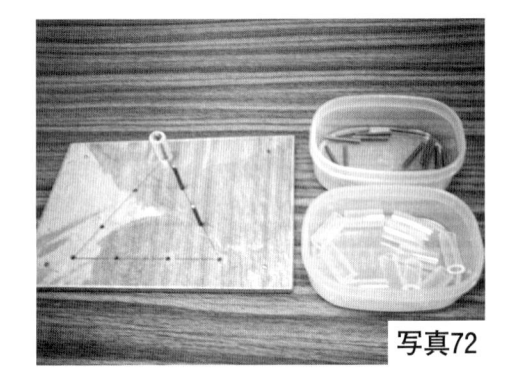

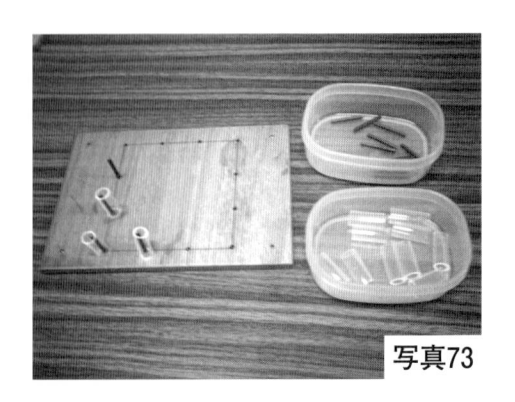

写真71

写真72

写真73

2 概念行動形成の基礎学習

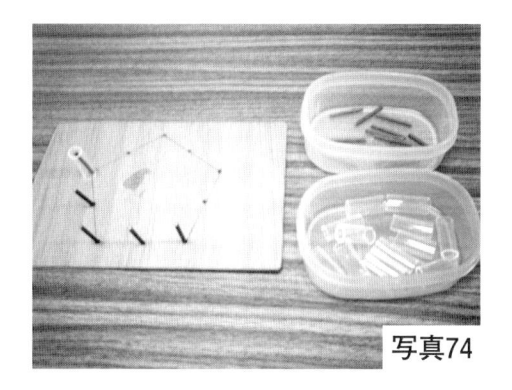

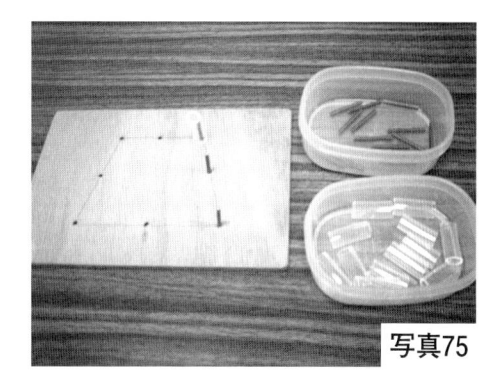

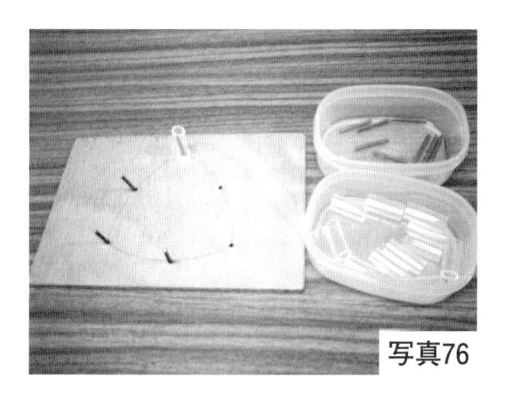

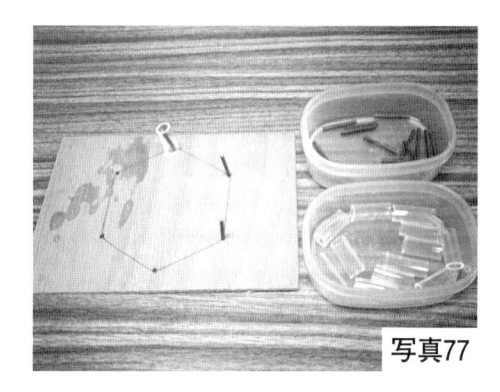

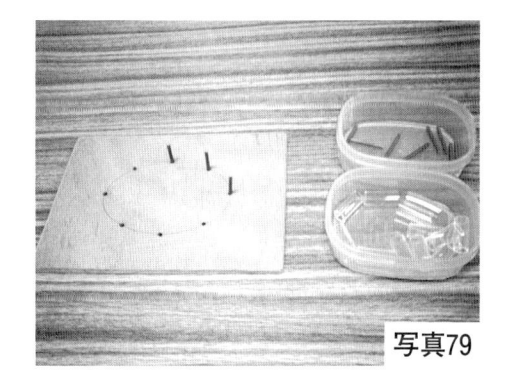

写真74

写真75

写真76

写真77

写真78

写真79

67

支援方法

- 係わり手はまず、写真71, 72, 73の基本図形を子どもに提示します。
- 子どもははじめ、ランダムに竹串を刺していくと考えられます。
- しかし、位置を基準にして竹串を刺していく、順序を基準にして竹串を刺していくなど、1つの規則性に基づいて形を構成していくことが重要なことです。
- 子どもがランダムに竹串（写真80）を刺していくときには、係わり手が竹串を刺し、直後に子どもがチューブ（写真81）を刺していくというようにやりとりしながら、順序や位置を意識づける支援を行うことが大切です。
- 基本図形が終了したら、類似図形へと高次化を図ります。

> ここがポイントです。
> ・ランダム
> ・位置を基準
> ・順序を基準

写真80

課題遂行時に見るべきところ

- 子どもが竹串を刺す穴を、しっかりと目で見て、探しているかを観察します。
- 係わり手は、子どもが形をなぞっている自分の手の動きを見ることによって、形の理解と目の動きの調節をしているかを観察します。

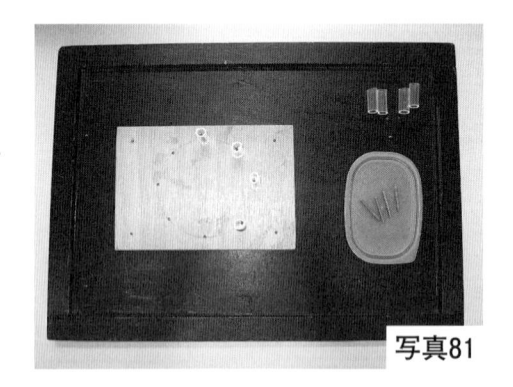

写真81

課題4　形の分解と組み立ての学習

目　的

　図形（写真82～131）を分解，あるいはバラバラになったそれらの要素（木片ピース）を組み立てて，まとまりのある形にします。

教　材

- 写真82～95は，木片ピースを型穴に入れて組み立て，丸，三角，四角の基本図形を作る教材です。
- 基本図形の後は，写真96～131の類似図形の木片ピースを，型穴に入れて組み立て，形を作っていきます。
- この教材は，それぞれの木片ピースの直線と曲線，そして長さや方向，角度などを総合的に考えて，型穴の中でまとまりある形を組み立てていきます。
- つまり，それぞれの形の属性を総合的にとらえられるようになる教材です。

> まず，型穴に木片ピースを入れた状態で子どもに提示することが大切です。
> それを子どもが自分で型穴から取り出して，それから型穴で形を組み立てていきます。

写真82

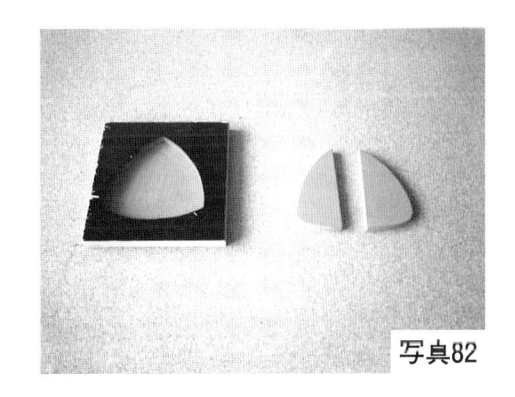

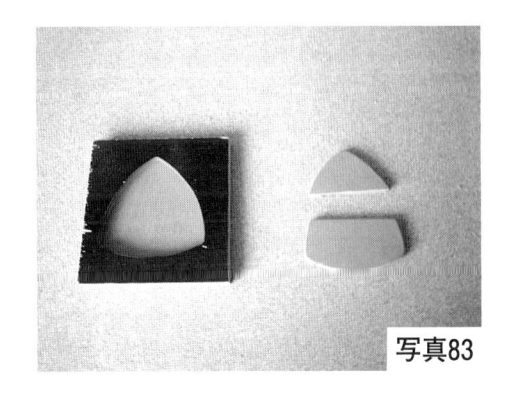

写真83

第2章　障碍のある子どものための基礎学習

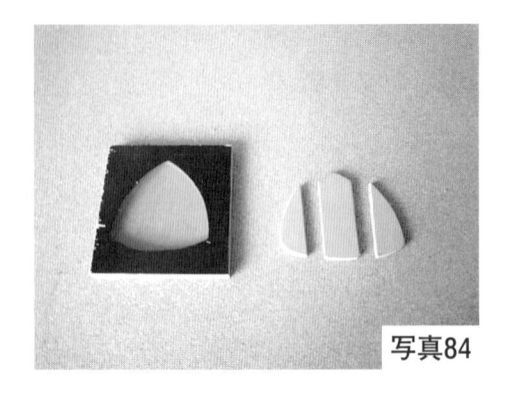

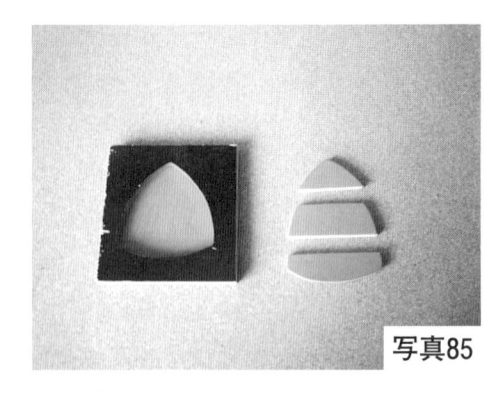

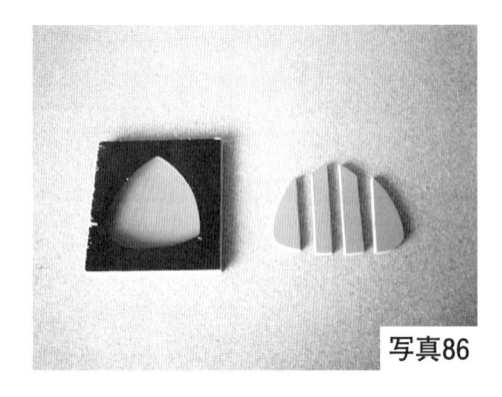

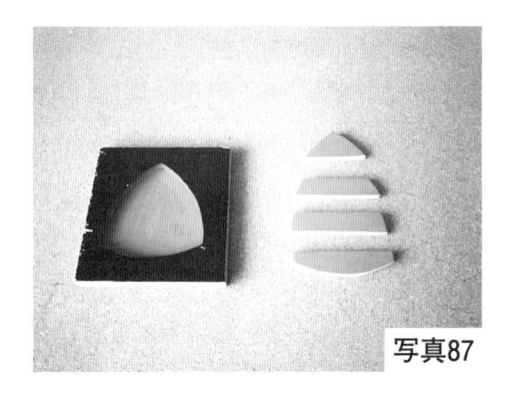

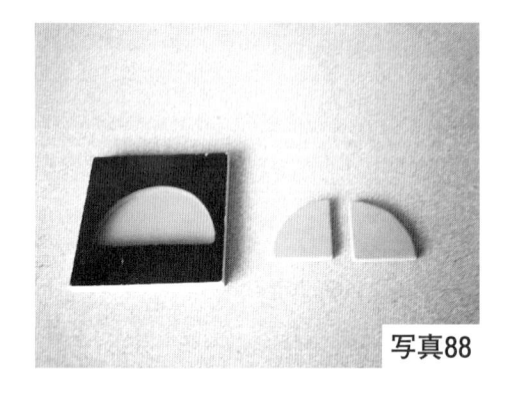

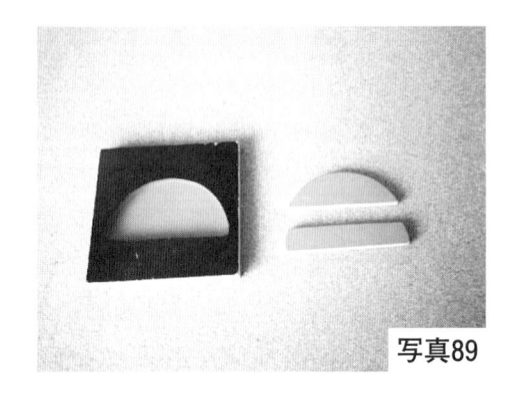

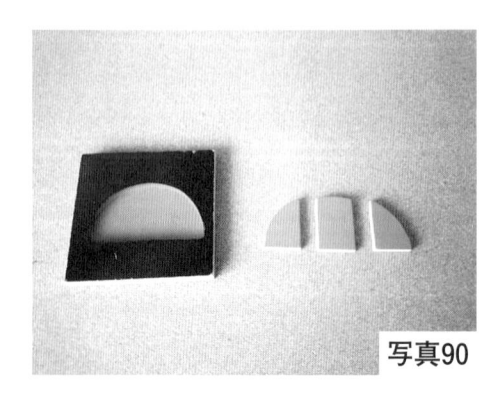

写真84

写真85

写真86

写真87

写真88

写真89

写真90

写真91

2 概念行動形成の基礎学習

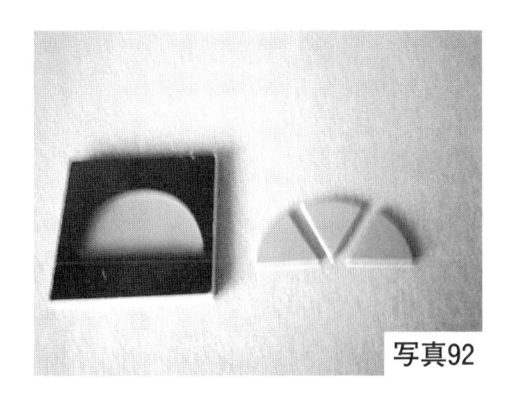

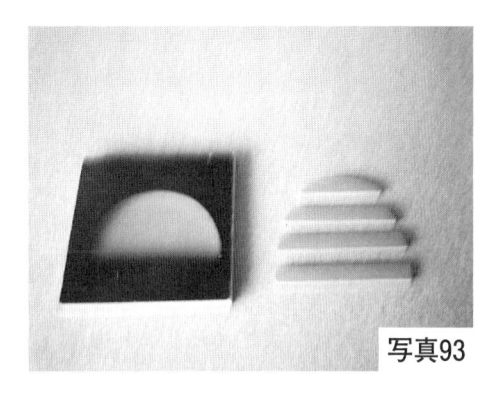

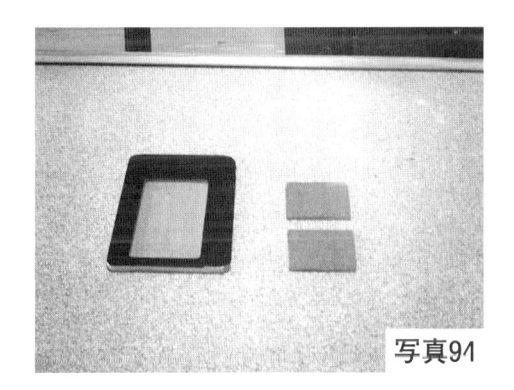

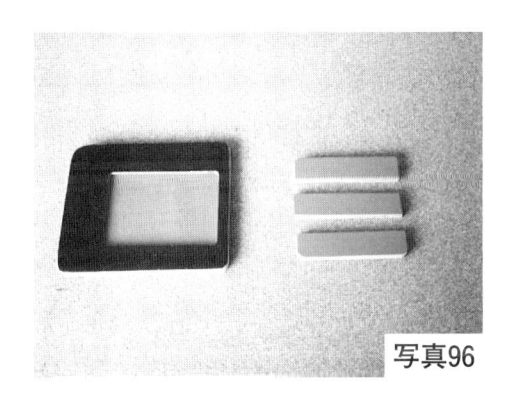

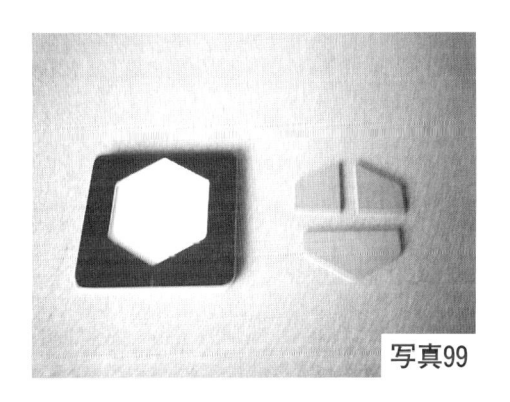

写真92

写真93

写真94

写真95

写真96

写真97

写真98

写真99

71

第2章　障碍のある子どものための基礎学習

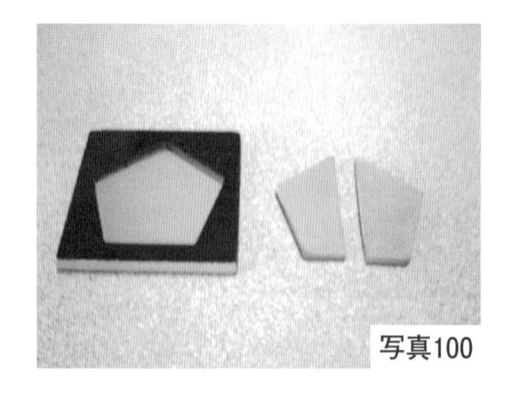

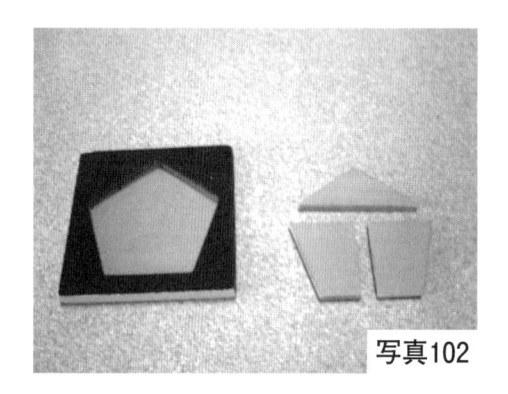

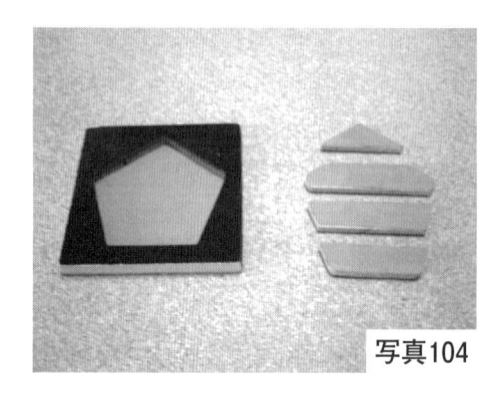

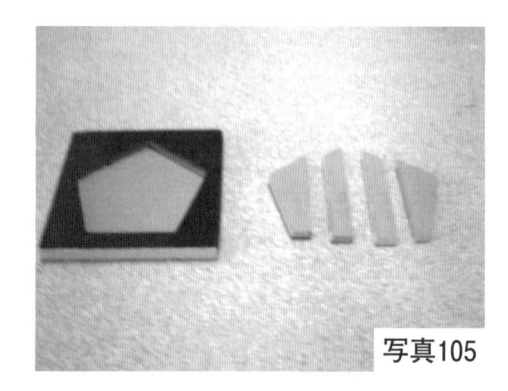

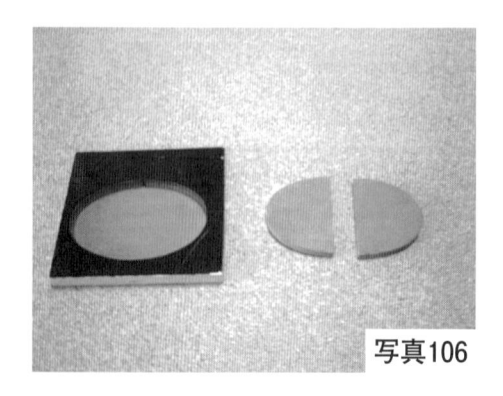

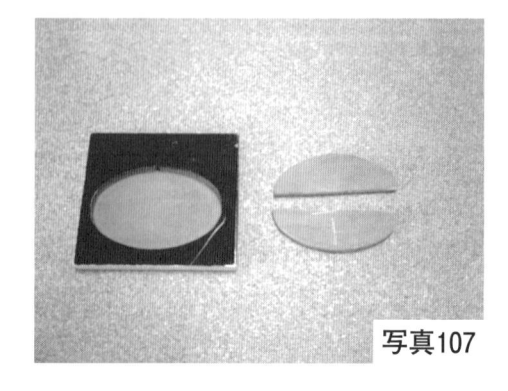

写真100

写真101

写真102

写真103

写真104

写真105

写真106

写真107

2 概念行動形成の基礎学習

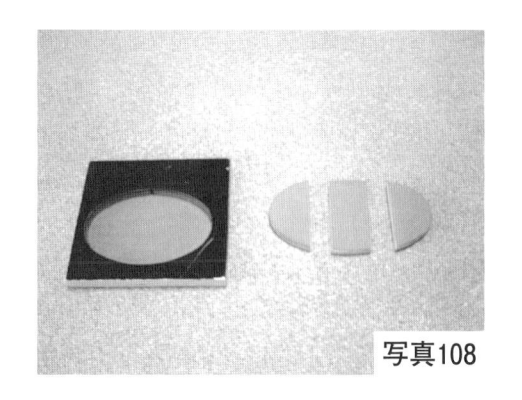

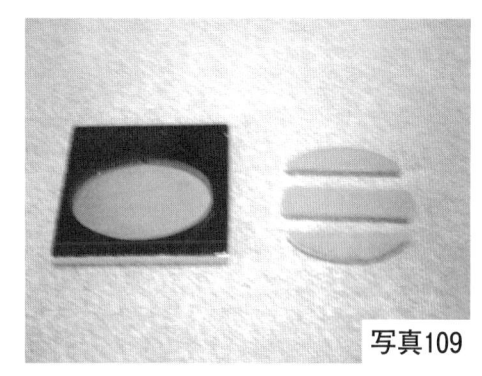

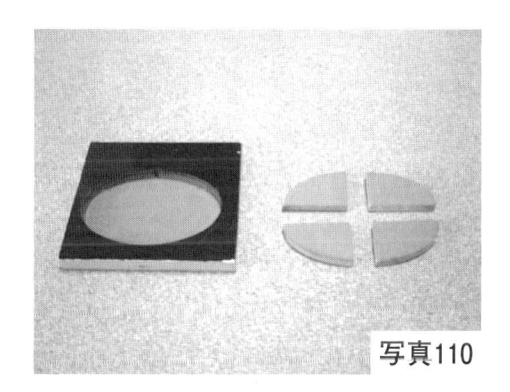

写真108

写真109

写真110

写真111

写真112

写真113

写真114

写真115

第2章　障碍のある子どものための基礎学習

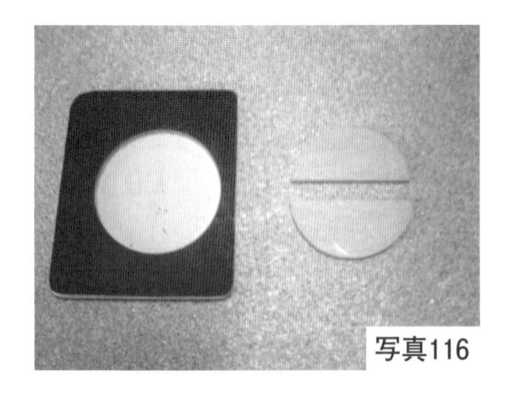

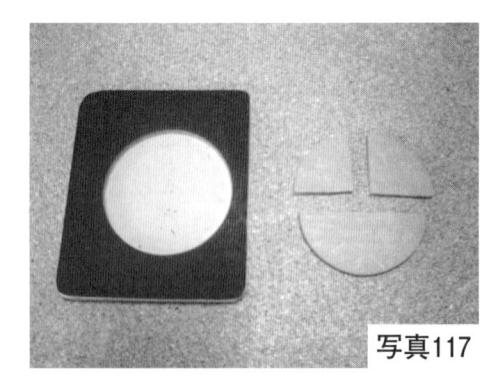

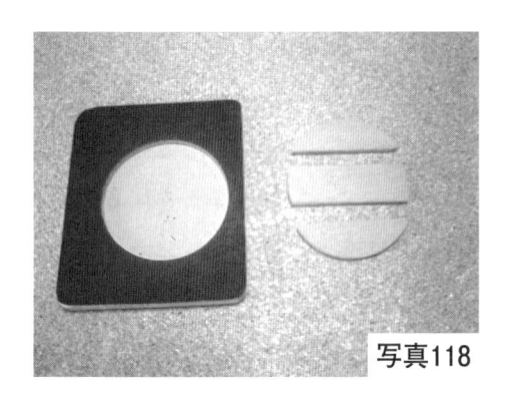

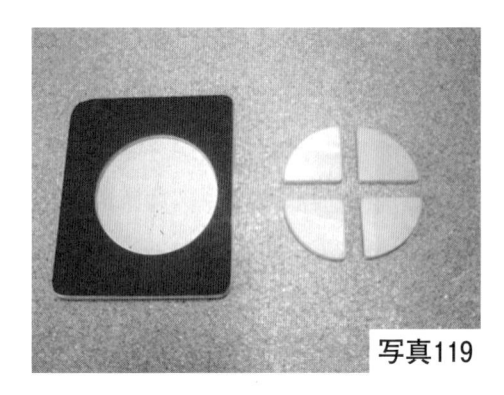

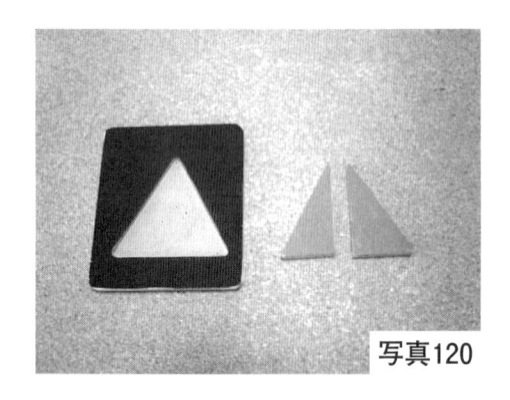

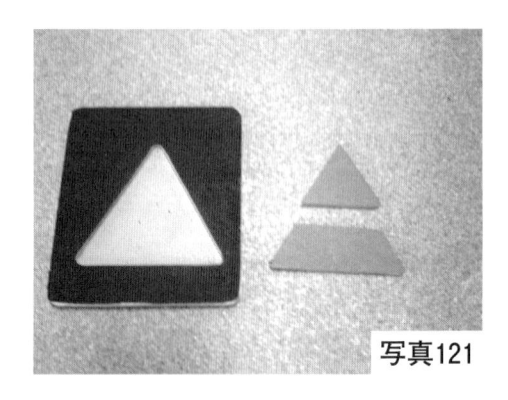

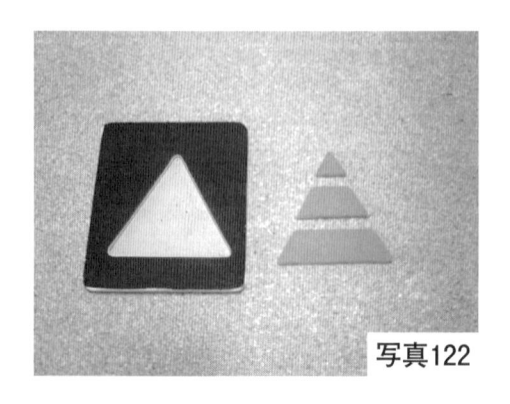

写真116

写真117

写真118

写真119

写真120

写真121

写真122

写真123

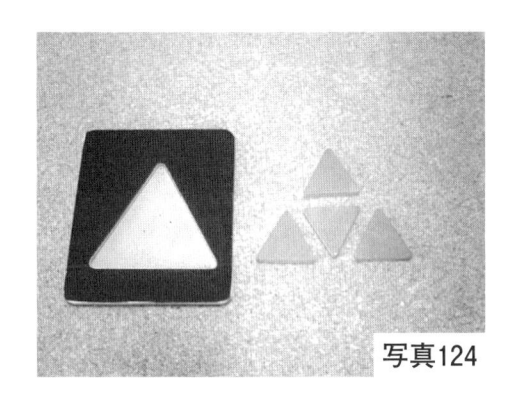

2　概念行動形成の基礎学習

写真124

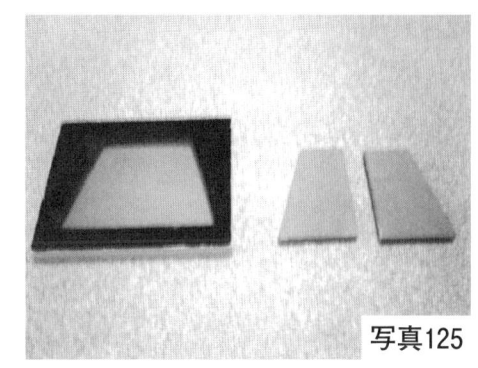

写真125

写真126

写真127

写真128

写真129

写真130

写真131

支援方法

- 図形には，2分割や3分割，4分割とあります。
- 発達初期にある子どもは，直線と曲線，そして，角度や方向，長さなどの弁別が難しいため，先に木片ピースを型穴に入れておき，残りの木片ピースを補充して形を組み立てるように支援を行うことが必要です。
- これらの学習を進めることで，属性の弁別や分類の力が高まると，事物の弁別するときの「基準」が形成されることになります。
- そして，外界への興味や関心が拡がり，日常生活の指導と関連し，概念行動が活発になり，日常生活での行動レベルも向上します。
- 係わり手は，形の分解と組み立ての学習の後は，子どもの興味関心のあるキャラクターや動物，身近なものなどを使用しての簡単なパズルの学習を進める必要があります。

> 係わり手は，子どもが課題学習場面で得た知識を，そのときだけのものとするのではなく，その子どもの日常生活にどのように結びつけていくことができるのかを考える必要があります。日常生活が豊かになって初めて課題学習での子どもの学びも生きてくるのです。

課題遂行時に見るべきところ

- 子どもが，木片ピースを型穴にどのように入れ，組み立てているかを観察します。
- 子どもは両手を使い，型穴の中で形を構成しているか，そして，目は手の動きを追った調整をしているかも観察することが必要です。
- 子どもの障碍の状態によっては，ピースは着色した方が分かりやすいため，子ども一人一人の理解度を把握することが必要です。

> 子どもが両手を使い，それに目が追随することがポイントになります。

課題5　切片パズルの学習

目　的

　木片ピースを組み合わせて，1つの絵を完成させます。

　この教材は，子どもの触覚受容能力を高め，手と目の協応をうながし，物には名前があることの理解を深めます。また，言語理解も豊かになります。

教　材

- 写真132～155は，木片ピースを，型穴に入れ，組み立て，1つの絵を作る教材です。
- この教材は，それぞれの木片ピースの直線と長さ，方向，角度などを総合的に考えて，型穴の中でまとまりある絵を組み立てていきます。
- 棒刺しや竹串刺しの学習で，見る経験をたくさん積んだ後にこの教材に取り組むと，スムーズに課題が遂行されます。
- 導入として，型枠内の出来上がった絵を外すことからはじめます。
- 絵は，子どもが好きなキャラクターや関心を示すものを選びます。
- 木片ピースを型枠に入れるには，形ではなく絵で判断しなければ完成させることはできません。

> パズルを
> ・縦に2分割，3分割
> ・横に2分割，3分割
> ・斜めに2分割
> などに切断します。

第2章　障碍のある子どものための基礎学習

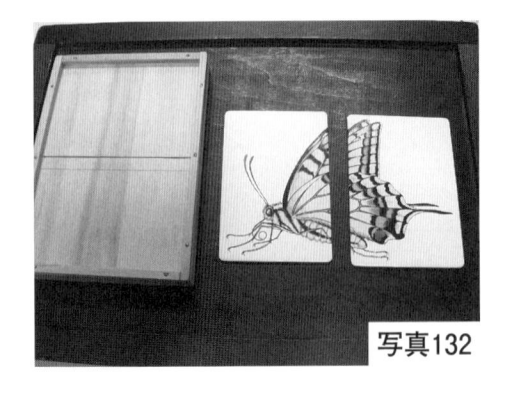

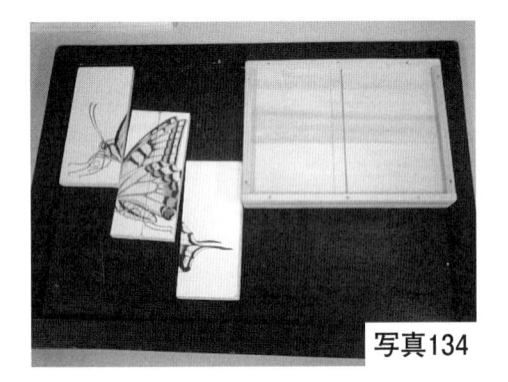

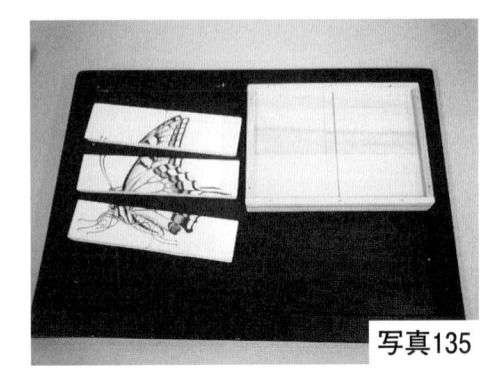

写真132

写真133

写真134

写真135

写真136

写真137

写真138

写真139

78

2 概念行動形成の基礎学習

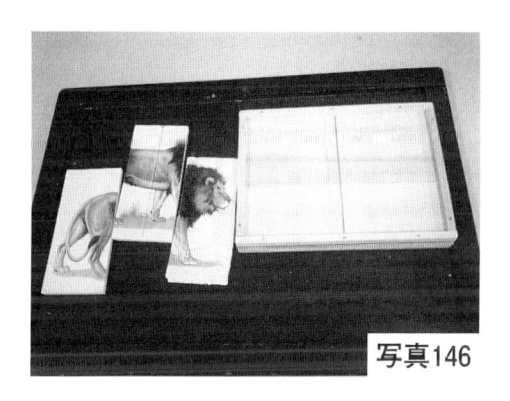

写真140

写真141

写真142

写真143

写真144

写真145

写真146

写真147

79

第2章　障碍のある子どものための基礎学習

写真148

写真149

写真150

写真151

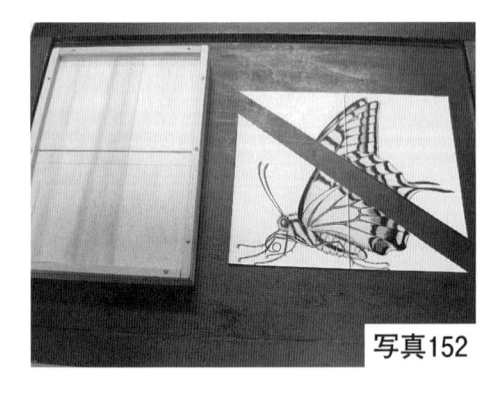

写真152

写真153

写真154

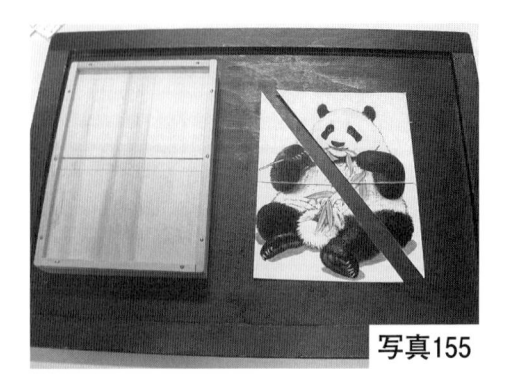

写真155

80

支援方法

- 型枠に木片ピースが全部入った状態で子どもに提示し，子どもは自分で外すようにします。
- 子どもは，木片ピースの正しい位置や方向が分からないときは，子どもがはめられそうな部分だけを，係わり手があらかじめ外した，簡易化したものを提示します。
- また，型枠に木片ピースがすべて入った状態で子どもに提示し，子どもに1つの木片ピースを外させ，子どもが自分で外した1つの木片ピースを入れることができるように支援します。
- 子どもが，絵を完成させたとき，係わり手は，「パンダだよ。」などの言葉がけを行うことで，その物の名称理解にもつながります。

課題遂行時に見るべきところ

- 写真137は，上が頭で下がお尻・足
  写真144は，左側がお尻で右側が頭
  写真138は，真ん中が胴体，左側が右手，右側が左手などの概念を理解します。
- 理解をうながすための言葉がけも必要です。
- 子どもがパズルをうまくできないでいる場合，図20のような工夫をすることで，子どもは合わせる方向を理解することができます。
- 係わり手は，子どもがどのようにパズルを完成させているかを注意深く観察することが必要です。

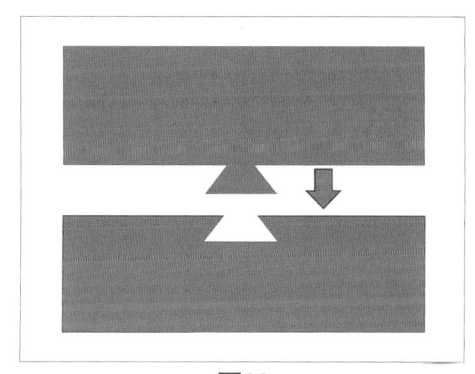

図20

課題6　3つの大きさの学習

目　的

大きさの概念を学ぶために，丸の型はめを使用し，大きさの順に3つの木片（写真156）を型穴に入れていきます。

> 2つではなく，3つというところがポイントです。

教　材

- 大きさを比較するときは，大小の2つの物ではなく，大中小の3つの物を使用します。
- 子どもが，大小の概念を獲得するには，真ん中の型穴を基準に，左側の型穴は小さい，右側の型穴は大きいという，大きさの比較ができるようにならなければならないからです。
- その後は，小さい順に，大きい順に，木片を入れるように支援します。

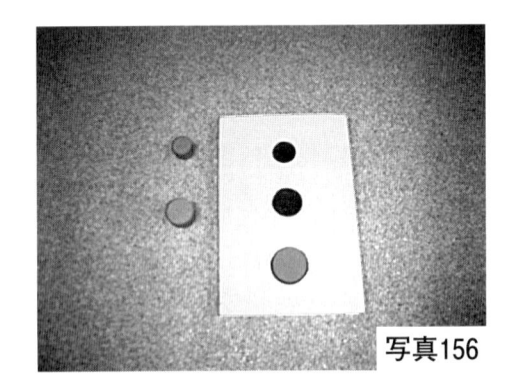

写真156

支援方法

- 係わり手は，子どもが基準を作り，その基準に従って，木片を型穴に入れていくように支援を行います。基準には，以下のようなものが考えられます。
  - ・皿などから真ん中の木片を取り，真ん中の型穴に入れます。そして，小さい木片，大きい木片と順に取り，それぞれの型穴に入れます。
  - ・小さい順に，皿などから木片を取り，型穴に入れていきます。
  - ・大きい順に，皿などから木片を取り，型穴に入れていきます。
- 基準となる型穴に木片を入れるということが理解できていなかったら，係わり手は写真157の教材を用い，係わり手が先に上段に木片を入れて，その下段に子どもが木片を入れるように支援します。

> この課題は，基準を作ることが重要ですので，その基準を子どもが理解できるように係わり手は支援します。

課題遂行時に見るべきところ

- 木片を，型穴にどのように入れていくかを観察します。
- 子どもが皿などから偶然に取った木片に合う型穴を探すのか，それとも，まず型穴を見て，その型穴に合う木片を探すのかでは目の使い方が違ってきます。子どもが自分で探すという目の使い方ができているかをよく観察します。

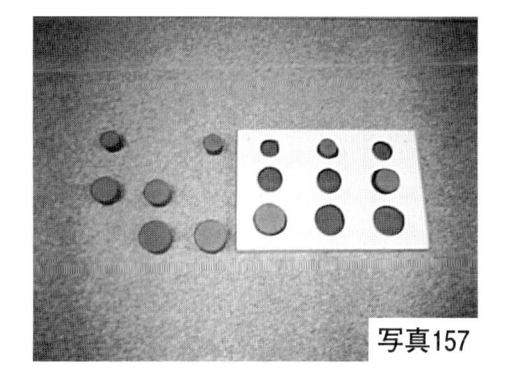

写真157

課題7　3つの長さの学習

目　的

長さの概念を学ぶために、長短の型穴（図21）を使用し、長短の順序づけを学習します。

教　材

- 長さを比較するには、長短の2つの物ではなく、3つの物を使用します。
- 子どもが、「長い」、「短い」の概念を獲得するには、真ん中の型穴を基準に、左側の型穴は短い、右側の型穴は長いという、真ん中を基準にして長さの比較ができるようにならなければならないからです。
- その後は、短い順に、長い順に、木片を入れるように支援します。

> 係わり手は、長さの概念形成のときも、基準づくりに気をつけます。

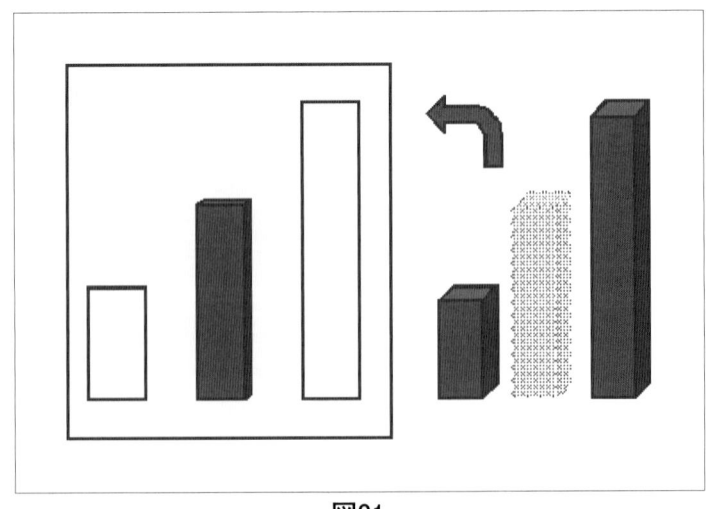

図21

支援方法

● 係わり手は，子どもが基準を作り，その基準に従って，木片を型穴に入れていくように支援を行います。基準には，以下のようなものが考えられます。

・皿などから，真ん中の木片（四角柱）を取り，真ん中の型穴に入れます。そして，短い型，長い型と順に取り，それぞれの型穴に入れます。
・皿などから木片を取り，短い順に型穴に入れていきます。
・皿などから木片を取り，長い順に型穴に入れていきます。

● 基準となる木片を型穴に入れるということを子どもが理解できていなかったら，係わり手は図22の教材を用い，係わり手が先に左段に木片を入れて，その右段に子どもが木片を入れるように支援します。

課題遂行時に見るべきところ

木片を，型穴にどのように入れていくかを観察します。

子どもが皿などから偶然に取った木片に合う型穴を探すのか，それとも，まず型穴を見て，その型穴に合う木片を探すのかでは目の使い方が違ってきます。子どもが自分で探すという目の使い方ができているかをよく観察します。

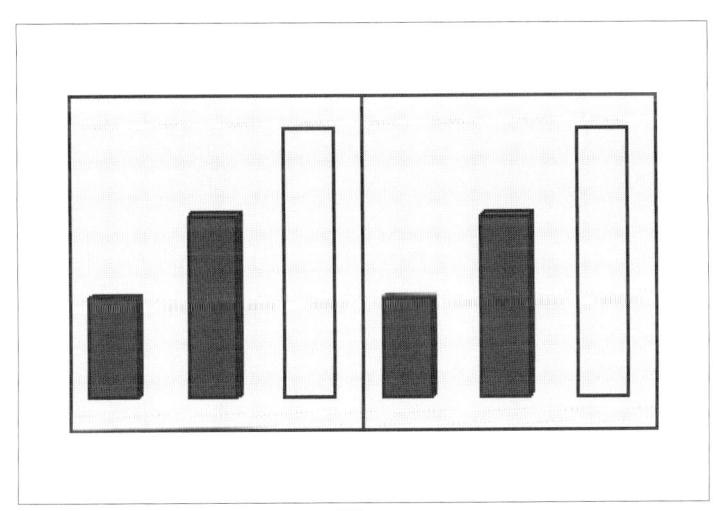

図22

第 3 章　学習の課題と実践事例

1 課題の見つけ方

(1) 教育現場の現状

　特別支援学校や幼稚園，保育所などで，障碍のある子どもの教育・保育に困難をきたしている最大の原因は，係わり手が子どもの示している見かけの行動や状態に惑わされて，事態を直接改善するような，子どもの発達段階を無視した働きかけがあまりに多すぎることです。

　たとえば，「日常生活が自立していない子どもに対して，食事や排泄の習慣づけの訓練にのみ終始する」，「日常生活がある程度自立していて，指示は分かるが言葉のない子どもに対して，直接，道具を使う訓練だけ丹念に繰り返す」，「集団から外れている子どもを無理やり集団の中に入れようとする」，さらには，「自傷行為や問題行動に対して，直接，それらの行動をやめさせようとする」などがあります。

　このような直接的でありきたりな係わり合いによって，事態が解決するほど障碍のある子どもの教育・保育は容易なものではありません。

　状況を把握できないでいる子どもに対して，いつのまにか教師は押しつけや強制的な係わり合いに終始し，やがてはあきらめ，責任転嫁，ついには教育放棄を起こすのです。

　このような教育事例において，一番困ってしまうのは教えを受けている子ども自身です。

(2) 課題学習の必要性

　係わり手は，指導の手がかりすらつかみにくい知的に障碍の重い子どもに出会い，長期に係わり，遅々として進まぬ学習にあるときは苛立ち，あるときは悩みつつもがきます。

1　課題の見つけ方

　しかし，はじめは試行錯誤的であったにしても，ある課題に子どもが反応を返したときこそ教育の本質を子どもから教えられた実感をもつものです。

　私は課題学習の本当の大切さは，特に，知的に障碍の重い子どもたちの教育にあると思っています。なぜなら，少しでも子どもから遊離した課題を設定したり，課題状況の吟味を怠ると，全く課題学習が成立しないからです。また，発達初期の行動の段階にある子どもは，その学習過程によって，人間の行動の形成過程を示唆してくれますし，概念行動の形成，言語行動（読み書きなど，言語に関すること全般）の形成の過程を明らかにしてくれるからです。

　課題学習の初期の段階は，乏しいながらも外界と対応した子どもの行動を見出し，それを育てる条件を設定し，より統制のとれた行動へと引き上げることが大切です。

　そして，これらの行動を拡大していく中で，身振りサインの導入を図り，交信関係を深めていくことが重要となってきます。身振りサインを用いて子どもに物を見る，聞く，手を伸ばして物をつかむなどの初期的課題の導入を図り，次いで，物を分類したり，弁別したりするなどの基礎学習から，より構成的な概念学習，高次の記号学習へと段階を進めます。

　知的に障碍のある子どもの教育において，日常生活行動の成立や人間関係を図り，言語行動を形成させていくこと，そして，より条件が整えられたやりとりの中で系統性のある課題学習を提供していくことは，障碍の種類や程度には関係なく大切なことです。

（3）課題学習とは何か

　子どもの示す行動水準が発達初期の状態にとどまっている場合（歩けない，言葉がないという状態のとき），一層教育的な係わり合いは困難なものとなります。いきなり日常生活の自立や言葉の習得，道具の使用や集団への参加を試みても身につきません。

　係わり手は，子どもの障碍の重さ，問題行動の根深さにのみとらわれてはいけません。ましてや事態を急激に改善しようとすることはとんでもないことです。

　日常生活や言語，集団への参加などの人間の行動が成立する基礎は何かをよく考えて，その土台を固めるために，地味ではありますが，一歩一歩確実な教育的係わり合いをもつことが障碍のある子どもの教育・保育にとって一番大切な工夫であり，実践の出発点であるのです。

　そのためには，人間の行動の形成過程に対する深い洞察が必要となります。その

第3章　学習の課題と実践事例

洞察に基づいて、子どもの発達初期の状態が理解されたとき、係わり手は、その子どもにとってふさわしい課題学習をはじめることができるのです。

課題学習を次のように考えてみます。

まず、「レストランでメニューから食べたいものを選ぶ」、「絵カードを並べてやりたい活動を決め、その日の予定を作っていく」、「遊具や教材を準備したり元通りに片づける」など、子どもがある主題をもった活動を起こそうとする場合を考えてみます。

その活動が滞りなく滑らかに展開していくためには、子どもは多くの手がかり（文字や写真など）を適切に使いこなし、行動を起こしていく必要があります。しかし時には、手がかりが分からなかったり、手がかりに応じて起こすべき行動があるのに、それを十分に実現できないで、活動が滞ってしまうことがあります。

その際に、係わり手が何らかの整理された状況を設定することで、そこを拠点にこの「つまずき」からの脱却を計画することから課題学習がはじまります。

そこでは「同定・弁別」、「比較・分類」、「分解・概括・抽出・代替・終結」などの人間の認識の基本にかかわる操作から成り立つ状況を構成します。その中で、子どもは適切に手がかりを活用し、また手がかりに応じて実現可能な（あるいは実現してほしい）行動を実行するのです。係わり手は、状況と適合した結果が得られるように工夫します。

したがって、そこには一定の手続きや操作、道具立て（その子どもに合った教材を準備することです）が必要となります。たとえば、見本合わせ状況（第3章2（1）参照）はその一例です。

また、課題状況は子どもと係わり手との間にやりとりを成り立たせる場であり、同時にそこでの手続きと道具立ては両者にコミュニケーションを成立させる言葉であるとも言えます。したがって、このような課題学習においては、個々の課題の結果だけを見ていたのでは、子どもの行動を十分に理解することにはなりません。

まず大切なことは，課題に取り組むときに，係わり手との間にやりとりをもとうとする子どもの能動的な意思が現われているか否かを見逃さないことです。係わり手の強い指示がなければ課題に取り組もうとしない場合，日頃の子どもとの係わり合いや関係の質を問い直さなくてはならないでしょう。

また，課題の出来不出来によらず，間違いや迷い，あるいは手や指の使い方の中に，子どもの認識の在り方を知ることができると言え，そこから課題そのものをより適切なものに変えていくことができます。仮に子どもが積極的に課題に取り組んでいたとしても，他にすることが見つからない場合や，決まり切った居心地のよいやりとりの場に安住しているだけということもあります。しかし，生活の中で子どもの行動が大きく乱れてしまった場合に，普段から取り組んでいる慣れ親しんだ課題に向かうことで，落ち着きを取り戻し，回復を図っていくことがあるのも事実です。

このように，課題学習を進める際には，課題の出来不出来，あるいは多くの課題をこなしたか，早くできたかだけではなく，係わり手とやりとりをしている姿，全身，または身体各部の動きからとらえられる集中している姿，時には混乱から回復していく姿，さらには課題から離れたり課題に戻ったりする姿を見ることが大切になります。

そのことで，子どもにとっての課題に取り組むことの意味を知ることができます。

言うまでもないことですが，このような課題学習の場面で子どもがつまずき，そこから立ち直る経緯とそこで役立った援助方略の吟味によって，人間の認識の仕方やそのプロセスについて多くを学ぶことができ，その知見が積み重ねられていくのです。

（4）課題の選定

私は，どんなに知的に障碍の重い子どもであっても，外界を受容し外界に働きかけるという相互交渉の中で，外界や自己について，その子どもなりのやり方で理解していると考えています。また，その相互交渉の中で，その子ども自身が工夫して

第3章　学習の課題と実践事例

いくことによって，自らを変えていくことができるという大前提のもと，子どもと係わり合いをもっています。

確かに，その相互交渉の在り方や理解の仕方は，私たちのそれとは異なった独自のものと考えられます。そこには，極めて緻密な秩序や原則が存在しており，かえって，私たちより外界を深く理解しているとさえ考えることができます。

こうした前提に立って，そのような子どもと外界との間の相互交渉が生み出されるような場を，係わり手が積極的に設定し，子どもに働きかけを行っていくことが大切なのです。そして，子どもの自発的な相互交渉が豊かに営まれ，新たな発展が生み出されるためには，外界の側に，子どもの秩序や原則に適った構造や質が存在していることが不可欠です。

もちろん，教材があればそれですべてが事足りるわけではなく，適切な提示のタイミングや仕方があって初めて，外界は相互交渉を引き起こすにふさわしい場となるのです。

こうした教材を用いた係わり合いを，「課題学習」と言います。

しかしながら，こうした教材を用いる働きかけは，往々にして誤解されやすい側面をもっています。

この場合の「課題」という言葉が意味することは，一般的に，あらかじめ係わり手が設定した課題を子どもに押しつけ，嫌がる子どもを無理やり机に向かわせて学習を行うように思われがちですし，未だに多くの教育実践においてそういう強制が見受けられます。課題という言葉には，どうしても係わり手からの一方的な働きかけというイメージがつきまといやすいのです。

しかし，係わり手が，自発的に相互交渉を切り開いていくための1つの手がかりとして課題を設定したとしても，構造化された外界である教材に対して，子どもが相互交渉を行うか否かは，その子ども自身に委ねられているのです。

その教材の中に，1つの関係を予測し，それを確かめるために自発的な行動を起

こしてくる子どもの姿をみるならば，むしろ，子どもに対し，課題を設定していると言ってよいのではないかとさえ思われます。

　また，教材を通した係わり合いを繰り返すことによって，この係わりを「1つの技能を獲得する訓練」ととらえる見方が少なからずあります。そのため，「教材は，子どもの変化を直接的にもたらすもの」と考えてしまうと考えられます。

　しかし，子どもが変わるという事態が生まれるのは，外界としての教材との相互交渉の中で，子ども自身が感覚を使って新しい行動を組み立てていくということが起こるからであり，子ども自身の発見や工夫があるからなのです。

　そういう意味では，教材は，あくまできっかけにしかすぎないのです。

　さらに，教材がこなせるようになることが，いったいその子どもにとって，どんな意味があるのかという問題があります。

　確かに，外界としての教材と相互交渉をもつ中でみられた行動が，日常生活の中へ一挙に拡がっていくとは考えにくいものです。先のように，教材を媒介にして生まれた相互交渉の中の創造的な過程を考えるならば，そこで獲得されているのは，感覚の使い方や新しい運動の組み立て方などであり，単に教材をこなしているのではなく，拡がりの可能性を秘めたものであることが分かります。

　また，そうした創造的な過程があるとするならば，そのこと自体が非常にすばらしいことなのであり，その有効性を議論する前に，すでに極めて価値のあるものであると言ってよいのではないでしょうか。

　また，教材を用いた係わり合いの場合，技能の習得や能力の向上にばかり目が行き，係わり手と子どもの人間関係がないがしろにされているのではないかという見方もあります。

　教材を媒介にして，係わり手と子どもの間に共通理解が生じ，大切な触れ合いが生み出されること抜きには，教育的な係わり合いは一歩も進んでいきません。そういった意味においては，係わり手と子どもとの関係は極めて重要なものですし，課題の出来不出来によらず，そうした触れ合いが生まれること自体に非常に大きな価値があると考えられます。

(5) 課題の見つけ方

　課題学習の指導というものは，その対象のいかんを問わず，その現在における子どもの発達の実態をどう把握するかによって始まります。

　ある特別支援学校に入学した6歳の子どもたちは，押し並べて同じレベルの発達段階にあると見えました。食事も，排泄も，着脱衣も自立しておらず，音声言語でコミュニケーションができる子どもは1人もいませんでした。4人とも独歩での移動は困難でした。さらに，表情やしぐさから子どもたちの気持ちを読みとることも困難でした。

　遠城寺式乳幼児分析的発達検査などの数種類の検査を行ったところ，多くの側面において0歳から3歳未満のレベルという結果が出ました。

　このような子どもたちの実態把握については，従来から存在する乳幼児の諸検査法によっては，必ずしも十分であると言い難いものがあります。ましてや検査結果から，その子どもの課題を導き出すことは困難と考えられます。

　検査結果が同じだからといって同じ課題からスタートするということは考えられません。

　病名からはじまって，その子どもの現在の行動の水準を何らかの発達の尺度で計ります。病名を聞かないと教育がはじまらないように思っている係わり手もいますし，ある発達に関するテストの成績を聞いて，その子どもの行動のアプローチをつかんだように思い込んでしまう係わり手もいます。発達検査などの結果はあくまでも，指導における参考資料にとどめておくとよいでしょう。

　つまり，知的に障碍のある子どもの実態をつかむため，種々の医学的診断，

視力や聴力などの検査，運動機能の検査，発達検査なども重要ですが，子どもの行っている行動自体から読みとることがもっとも重要なことです。子どもを知るためには，検査室や観察室では不十分です。子どもの日常生活の中や自然に行動している中で，子ども自らが教育の手がかりを与えてくれる場合のほうが多いのです。

それでは，子どもの課題をどのように見つければよいのでしょうか。

私がAくんの課題を見つけたときのエピソードを紹介します。

Aくんは，運動の開始，視線の動き，運動の終了というひとまとまりの人としての行動と視覚の使い方ができておらず，また，外界を構成することも苦手で，直接的，条件反射的な，般化のきかない固定的な行動が多く見られました。

またAくんは，排水溝や格子状のものの穴から，葉っぱや小枝を落とすことに興味をもっていました。

これらのことから，玉入れによる課題学習を考えました。玉入れ課題は，穴を探す，穴を見る，玉を探す，玉をつかむ，再び穴を見る，穴に玉を入れるという一連の行動が，1つのまとまりをなしている課題です。また，最初に見た穴は運動の始まりを意味し，玉をつかんで再び見た穴は，運動の終わりを意味します。

このエピソードのように，子どもたちの課題は日常生活の中にたくさんあり，その子どもからのヒントに気づくことができるかどうかが，係わり手の仕事なのです。

課題学習は，単に「食べ物をスプーンですくって1人で食べることができる」などの技能的な行動が可能になるという，断片的な技術の習得を目指した学習や，「トイレで排尿ができるようになる」などの身辺自立が可能になるという，表層的な行動の確立を目指した学習ではなく，この断片的な行動や表層的な行動を支えている，人間の行動の基礎となる学習なのです。

第3章　学習の課題と実践事例

2　見本合わせの課題

（1）基準づくり

　位置の学習では，真ん中を基準にして，2方向への運動の分化を理解する必要があります。つまり，位置が確定するのは，左右両端と真ん中があって初めて運動の方向分化が起こったときです。

　ですから，課題を進めるときには，真ん中を境に，2方向のうち一方向を選択して課題を進め，それからもう片方へと進めていかなければならないのです。

　見本合わせ（右図：見本合わせ状況）においても，2つを見比べて同じか違うかを判断するだけでは，単なる比較に終わってしまいます。それが基準を定めた比較にならなければ，真の意味での比較にはなりません。単に2つのものを見比べることから，見本を基準とした比較，見本と同じものを2つの選択肢の中から選択することへ，そういう比較にならなければならないのです。

　見本合わせの場合も，基準づくりは重要です。基準を基に2つを見比べ・触り比べ，見本と同じものを選択肢の中から選び取れなければならないのです。

　中島照美は見本合わせ法について，「単なる比較であれば，目の使い方は，2つの比較するものを，直線的に比べればよい。しかし，基準による方向づけをもった比較の場合は，見本と選択肢の少なくとも3つの見比べを必要とする。まず，見本を見て，次に選択肢を見比べ，直ちに選択せず，もう1度，見本を見直して，見本と同じ選択肢を選ぶことが見本合わせ法であり，基準づくりの出発点でもある。」と述べています。

　さらに，中島は「たとえば，どちらが長いか短いかでは単なる比較に終わってしまう。まず，これと同じものとして選び，次ぎにその見本と比較して，長いあるいは短いという2方向への分化がなされなければ基準が形成されないし，本当の比較や分類，さらに基準による系列化としての順序づけがおこらない。」と述べ，基準づくりの重要性を指摘しています。

見本と選択肢が違うときは、どちらの方向に違うのか、その関係が明らかにされる必要があります。これが基準による系列化であり、この関係理解を通して、真の意味での比較が可能となります。

この基準づくりのためには、順序よく並べる、いくつかの行動を順序よくする、さらに、同じ、似ている、違うというような、いくつかの基準が設定され、それらの基準が状況によって使い分けられ、状況に即して行動の順序を変えたり、分類の仕方を変えたりすることが大切なのです。

子どもが選択的、操作的、課題解決的な行動を基礎として、外界に対して積極的に働きかけ、外界を構成していくためには、よりさまざまな状況において対応できる柔軟性のある基準づくりが必要となります。それを基礎として、日常生活の中でも外界の状況に応じて、多様な基準を設定できるようになり、その基準が選択的、操作的、課題解決的に使用されることによって、言葉の基礎も形成され、より深い人間関係も樹立されることになるのです。

（2）行動の連続性

見本合わせ課題は、いくつかの行動をつなげる手がかりとなる課題ですので、人間の行動における行動の連続性が必要になってきます。

人間の発達初期の行動では、部分的あるいは断片的な印象に左右された行動を示すことがあります。つまり、ある事物がもっている、断片的な印象（光っている、ざらざらしているなど）が、その人に強く浮かび上がり、注意がそちらに向くというような実感が起こる場合です。

こういった印象に注意が向けられる

と，その事物のもっている役割や操作的な関係には，注意を向けないという状況が起こります。

このような，実感的な世界と操作的な世界との間には大きな溝があり，細やかで丁寧な指導段階を経て，その間を埋めていくということが，人間の行動の基礎を固める上では大切なことです。

2つの行動が連続して起こるためには，ある運動が起きたときに，次に起こすべき運動の前段階となる感覚の受け入れが必要となります。

たとえば，箱の中のみかんを食べようと思って手を伸ばしても，箱の蓋を取る動きが間に入ることで箱から視線が外れ，周囲の刺激に引きずられてしまい，注意がそれた子どもは箱の中のみかんを取らなくなります。

つまり，1つの動作にとらわれてしまって，一方の動作を見失い，2つの運動が連続して起こらなかったばかりに，目的を達成することができないのです。

手の運動から考えると，「蓋を取ること」と「みかんを取り出すこと」は，逆の運動です。「蓋を取ること」は，手を横に滑らせる，上に持ち上げることです。一方で，「みかんを取り出すこと」は，箱の方向に手を伸ばす，箱の中に手を入れることです。

「箱の蓋を開け，中のみかんを取り出す」という一連の動作を達成するためには，「蓋を取ること」と「みかんを取り出すこと」という対照的な運動を連続して起こさなければなりません。そこで，再び手を箱に戻す手がかり，いわゆる次に起こるべき運動に対しての感覚的な受け入れが存在する，あるいは次の行動へと結び付け

るような探索活動が起こることが重要な問題となります。

　探索活動が起こるためには，ある種の予測が起こらなければなりません。2つの行動を結びつける役割を担うものが必要となります。

（3）選択行動

　見本合わせ状況では，見本を見て，選択肢を見比べ，再度見本を見て，見本と選択肢を見比べるという行動，いわゆる「～してから～する」という行動が，連続して起こることが必要です。

　この意味では，見本合わせ状況での行動は，いくつかの行動の連続性であると言え，感覚的受け入れ，あるいは探索活動が重要となります。

　見本合わせの難しさは，見本項と選択項の間に，1本の線が引かれるというところにあります。見本項と選択項には，役割の違いがあるということを理解することが大切です。

　見本を基準として，選択項の中から見本と同じものを選択するということが見本合わせです。この基準は常に変わり，基準が変われば，今まで誤答とされていたものが，正解になる可能性を含んでいます。つまり見本合わせは，状況に応じて基準を設定し，その基準に基づいて次の行動を確定していくというプロセスが必要となります。

```
                        見本
    見本項           ○

    選択項           ○   △
                      選択肢
```

　見本合わせの問題は，丸や三角の型穴（見本）をもつはめ板があり，丸と三角の木片（選択肢）があるとすれば，見本としての丸あるいは三角が，どういう役割を担っているかということを理解する点にあります。

　見本は，たとえば「丸はここに入ります」という役割を担っています。それと同時に「三角は入りません」という役割も担っているのです。見本の型穴は，この2つの役割を同時に担っています。この役割が理解できれば，三角と丸の選択肢をそれぞれ見本の上に重ねてみて，確認するという行動も起こってきます。

見本が1つ，選択肢が1つの場合であれば，その見本は丸の役割しか担っていないので，子どもは比較的簡単に理解することができます。

　ところが，選択肢に三角が入ってくると，見本が2つの役割を担うことになるので，見本合わせは一段と難しくなります。

　見本の役割が，明確になることによって，事物を関係として弁別するようになり，基準としての見本をもとに，事物を弁別できるようになります。

　初期の見本合わせの教材は，同じ材質で，しかも同じ色で，同じ光沢のものを用意します。そうしなければ，形で比較するのではなく，触った質感や見た目の違いだけで判断し，形に集中できない可能性が出てくるからです。そして，見本合わせができるようになると，子どもたちはいらないものを捨てるようになります。見本と違ったいらないものを係わり手に手渡したり，机の端に置いたり，皿が置いてあれば皿の中にそれを捨てた後で，確実に入る形だけを型穴に入れます。一度捨てることによって，整理された状況を作り，その後，見本と同じ形のものを型穴に入れているのです。

　ここで起こっていることは，見本を基準とした「抽出」という行動です。この課題は，2つの選択肢のうちから，1つしか選択できません。それはすなわち，1つの選択をしたら，もう一方の可能性は消えるということです。

　いわゆる見本合わせは，2つの役割を担っている関係の中での選択，そして関係の中での排除であると言えます。

（4）見本合わせの進め方

　人は，以下の5つのプロセスを経て，事物を認識しています。
　形の認識プロセスと色の認識プロセスをそれぞれ紹介したいと思います。

```
1．分解変換（属性の要素に分ける）
2．概括変換（分けたものをまとめる）
3．抽出変換
　　（いらないものは捨て，必要なものを取り出す）
4．代替変換
　　（取り出したものを比較する，そして，元に戻す）
5．終結状況
```

2 見本合わせの課題

① 形の見本合わせ

　右図のような見本合わせ状況を工作し,「形」で選んだ場合の形認識プロセスを,上記の5つのプロセスをもとに考えていきたいと思います。

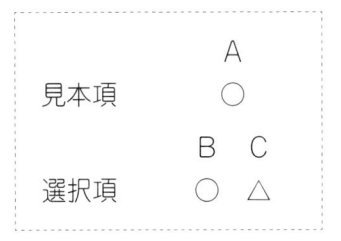

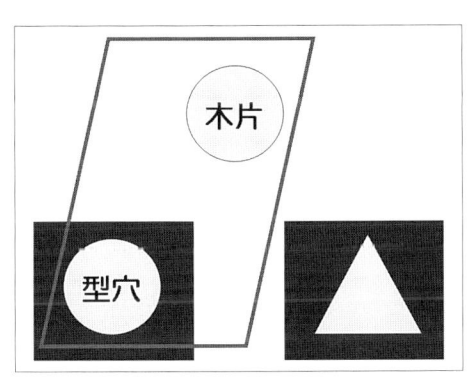

```
                    A
      見本項        ○

                  B    C
      選択項      ○    △
```

　ここでは○と△の形の見本合わせを例に,課題の進め方を説明していきたいと思います。
　まず子どもに,見本として○の木片ピースを,そして選択肢として○と△の型穴を提示します。

　子どもは見本の○を見て触り,次に選択肢の○と△の型穴を見比べ・触り比べ,すぐに型穴に入れずに,もう1度見本の○を見て触り,見本と同じ○の型穴に木片を入れます。
　課題遂行後,選択項を左右入れ替え,規則正しく行います。

　次に△を見本とし,選択肢に△と○の型穴を配置し子どもに提示します。
　そして課題遂行後,選択項を左右入れ替え,規則正しく行います。

　このとき子どもは次頁のような認識プロセスを経て,形を認識しています。
　課題の進め方の詳細は,「③見本合わせの条件」を参考にしてください。

第3章　学習の課題と実践事例

形で選んだ場合の認識プロセスは，以下のようになります。

①分解変換（属性の要素に分ける）
　　A→辺1辺2辺3…その他の属性A
　　B→辺4辺5辺6…その他の属性B

> 辺1～6は，ＡＢが他の部分に対する境界部分

> その他の属性A，Bとは色，重さ，厚さ，材質，臭いなど

②概括変換（分けたものをまとめる）
　　A→（Ｔ1⊃辺1辺2辺3）その他の属性A
　　B→（Ｔ2⊃辺4辺5辺6）その他の属性B

③抽出変換（いらないものは捨て，必要なものを取り出す）
　　A→（Ｔ1⊃辺1辺2辺3）その他の属性A→Ｔ1
　　B→（Ｔ2⊃辺4辺5辺6）その他の属性B→Ｔ2

> Ｔ1，Ｔ2は取り出したもの

> ⊃の記号は，Ｔ1の中に辺1辺2辺3が含まれているという意味

④代替変換（取り出したものを比較する，そして元に戻す）
　　（Ｔ1⇔Ｔ2）→（A⇔B）

⑤終結状況
　　A＝B（A≠C）

② 色の見本合わせ

　右図のような見本合わせ状況を工作し、「色」で選んだ場合の色認識プロセスを、先ほどの5つのプロセスをもとに考えていきたいと思います。

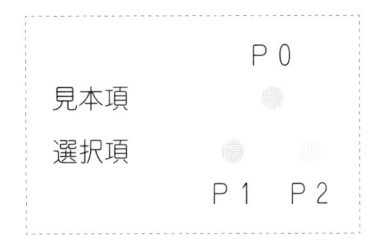

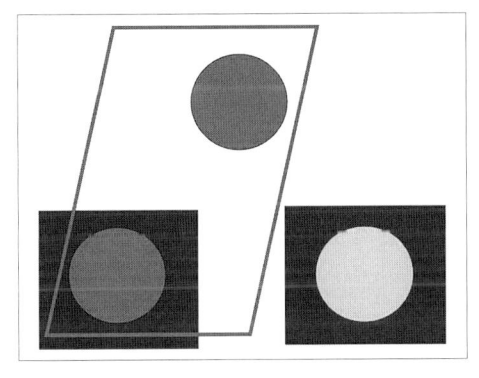

```
                    P 0
見本項              ●

選択項        ●        ●
              P 1      P 2
```

　ここで赤色●と青色　の色の見本合わせを例に課題の進め方を説明していきたいと思います。
　まず子どもに、見本として赤の木片ピースを、そして選択肢として赤と青の型穴を提示します

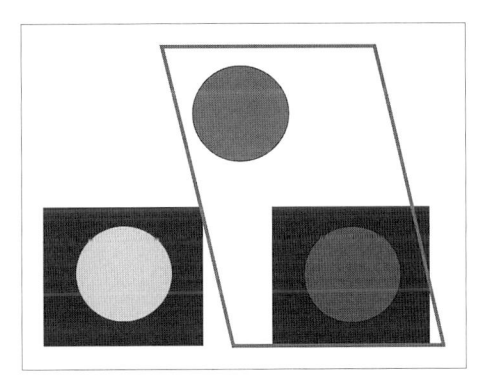

　子どもは見本の赤を見て触り、次に選択肢の赤と青の型穴を見比べ・触り比べ、すぐに型穴に入れずに、もう1度見本の赤を見て触り、見本と同じ赤の型穴に木片を入れます。
　課題遂行後、選択項を左右入れ替え、規則正しく行います。

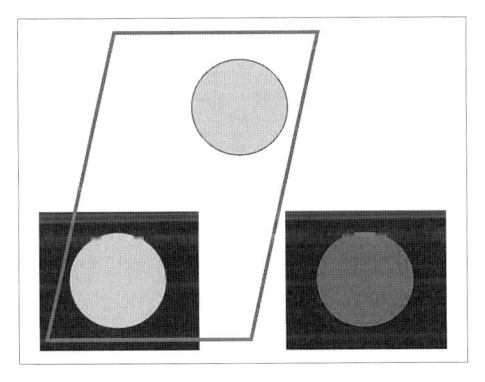

　次に青を見本とし、選択肢に青と赤の型穴を配置し子どもに提示します。
　そして課題遂行後、選択項を左右入れ替え、規則正しく行います。

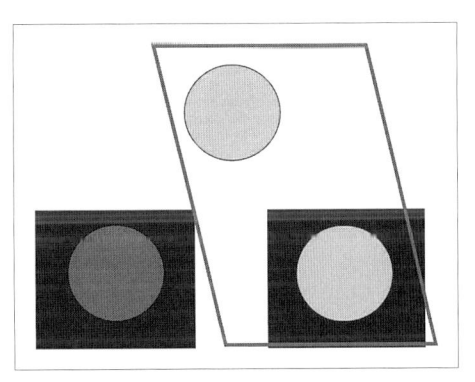

　このとき子どもは次頁のような認識プロセスを経て、色を認識しています。
　課題の進め方の詳細は、「③見本合わせの条件」を参考にしてください。

103

第3章　学習の課題と実践事例

色で選んだ場合のプロセスは，以下のようになります。

1. 分解変換

　　A→色属性1　その他の属性A（形，重さ，厚さ，材質，臭い）

　　B→色属性2　その他の属性B（形，重さ，厚さ，材質，臭い）

2. 概括変換

　　なし

3. 抽出変換

　　A→色属性1　その他の属性A（形，重さ，材質，臭い）→色属性1

　　B→色属性2　その他の属性B（形，重さ，材質，臭い）→色属性2

4. 代替変換

　　（色属性1⇔色属性2）→（A⇔B）

5. 終結状況

　　A＝B（A≠C）

上記の1，2のようなプロセスを「信号変換操作過程」と言います。

障碍のある子どもたちにとって課題学習というのは，信号変換操作過程の形成・促進と言えます。

私たちの何気ない生活の中でも，自然にこのようなプロセスを経て形を理解したり，色を理解したり，さらにもっと複雑で抽象的なものまで理解しているのです。

③ 見本合わせの条件

下図のような見本合わせ状況を考えてみます。
P0, P1, P2は場所を表します。

```
                    A
見本項           P0
選択項           A    B
                P1   P2
```

選択項のAとBはP1, P2に交互に配置します。

見本項はAとBが必要です。

	P0	P1	P2
1	A	A	B
2	A	B	A
3	B	A	B
4	B	B	A

Aの単系列
Bの単系列
混系列

この表に沿って，1から4へと順番に課題を遂行します。

正答が左右交互に規則正しく出てくるものを「単系列」と言い，1と2は「Aの単系列」，3と4は「Bの単系列」と言います。

この規則性を無視して，ランダムに正答が出てくるものを「混系列」と言い，この場合，2の正答はP2, 3の正答もP2ということで,「ABの混系列」ということになります。

第3章　学習の課題と実践事例

　実際の課題への入り方として，見本項を ｛A B｝ とします。

　　1－1　Aの単系列　｛A・∅：A｝
　　　　　　∅：何もないということ
　　1－2　Bの単系列　｛B・∅：B｝

　　2－1　Aの単系列　｛A・B：A｝
　　2－2　Bの単系列　｛A・B：B｝

　　3　　　ABの混系列　｛A・B｝

> 先の表のようにＰ１，Ｐ２ともに，はめ板などが置かれている状況では，なかなか課題遂行が難しい子どもの場合，Ｐ１，Ｐ２どちらかを何もない（∅）という状況を作ることも考えられます。

　たとえば，1－2から2－1に進めないことがあります。

　理由として考えられるのは
- その子どもは○が好きだから○しか選ばない。
- いつも左側にくるものをとる（位置で選ぶ）。
- つかみやすいものをとる（蓋などになっている場合など）。
- 適当に選ぶ

などが考えられます。

④ 課題状況とは
- 課題状況とは，係わり手によって，あえて設定，工作された学習状況のことです。
- そして一定の手続きと仕組みをもつものです。
- この手続きと仕組みは，次のような意味があります。

　手続き：課題学習のときに操作的な空間を設定するために使用するお盆（教材を並べるための平らな枠組み）は，見本項と選択項を見比べて選ぶという一連の学習がはじまることを知らせる役割を担っています。このお盆が出てくると，子どもはこれからはじまる学習を行うか否かの判断をします。これが手続きです。

　しくみ：使用する道具の仕組みという意味です。道具の仕掛け（蓋を開ける閉める，木片をはめるなど）のことです。

- 課題状況とは，係わり手と子どものやりとりで成り立つ活動です。
- この課題状況を，やりとり，コミュニケーションという視点から見た場合，手続きがやりとりになっています。

　・ついたて（スクリーン）が置かれたということは，係わり手の側から「やりますか？　やりませんか？合図をしてください」というメッセージをもっています。（第3章2（4）⑥参照）
　・子どもがスクリーンを外すということは，「課題をやります」というメッセージになります。
　・見本項は，「係わり手側と同じほうを取ると，正解ですよ」という言葉の代わりとなるメッ

・選択項は,「この2つの中から選んでください」というメッセージをもっています。
・お盆は周囲との空間を仕切り,操作的な空間を形成します。よって,子どもはお盆で仕切られた空間内で課題を行えばよいのです。

　また,お盆は時間も仕切ります。子どもは,お盆が出てきたことから,課題の始まりを知り,課題が成り立っている空間を知ることができるのです。

2 見本合わせの課題

⑤ 子どもが課題状況で取り組んでいること

● 係わり手が見本合わせ状況を工作したとしても，課題に取り組むか否かの決定権をもっているのは子ども自身です。課題をひっくり返す，その場から逃げる，他のもので遊ぶといった行動を抑え，子どもが意図的に課題に向き合うから見本合わせは成立するのです。ですから，見本合わせ状況というのは，何が起きてもおかしくない状況と言えます。

● 子どもは，「見本を見て触り，次に選択肢を見比べ・触り比べ，再び見本を見て触り，選択肢から選びとる」ことを，一定の順序ある手続きの中で行うのです。

● 係わり手が見るべきところは，子どもが取り組んでいる姿やしぐさであって，結果ではありません。

● 子どもは集中しているか，嫌な様子は見られるか，うなり声，姿勢，机の下の足の動きなどを観察し，課題を進めるかどうかを判断をします。

● 子どもの心が乱れていたり，不安に襲われているとき，課題に取り組むことで立ち直ることがあります。これは，普段から慣れ親しんだ課題に向かうことで，落ち着きを取り戻し，回復を図っている，あるいは成功が積み重なることにより安心し，立ち直ることができたと考えられます。この場合，やさしい課題を設定します。

● 課題は，できないという形で終わらず，確定した状況，つまりできたという形で終わることで次へつながるのです。

⑥ 見本合わせ法の種類

下のような見本合わせ状況を例に、以下で代表的な3つの見本合わせ法を説明します。

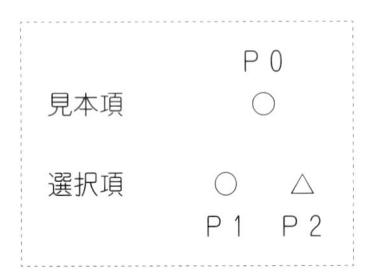

```
                    P0
   見本項            ○

   選択項            ○    △
                    P1   P2
```

● 同時見本合わせ法

お盆に見本と選択肢を配置した状態で子どもに提示する方法です。

● 継時見本合わせ法

子どもに見本を提示し、スクリーンを立て、選択肢が見えない状態を工作します。

選択項に選択肢を配置し、係わり手または子ども自身がスクリーンを外し、課題を遂行する方法です。

つまり、時系列上の違いを工作します。

● 延期見本合わせ法

係わり手は選択項に○と△の型穴を配置します。そして係わり手は子どもに○の型穴に入る木片を別の場所から持ってくるように指示します。

子どもはいったん席を離れ、○を記憶した状態で、木片が置かれている場所から○を選択し、席に戻ってきて木片を○の型穴に入れるという方法です。

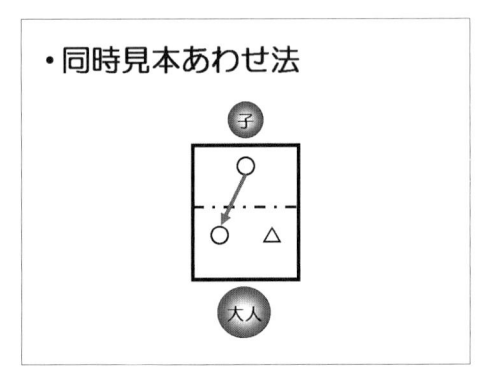

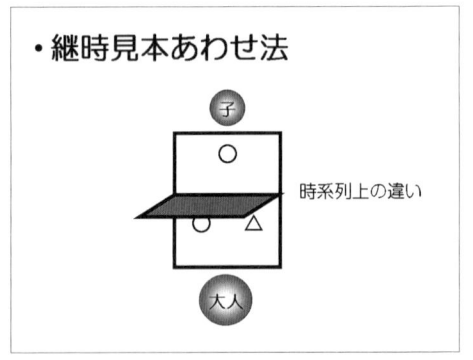

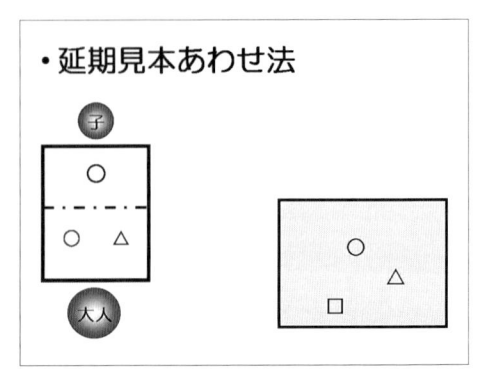

3　教材教具について

（1）教材教具とは
　ここでは，水口（1995）を参考に，教材教具の意義と役割，工夫をまとめます。

1．教材教具は，コミュニケーションの手段となり，言葉の代わりとなり，係わり手 – 子ども間の共通の言葉となる道具です。
　　共通の言葉となるときに，感覚運動が呼び起こされ，反応となり相互交渉が成立します。

2．教材教具は，人間関係と学習を成立させ，広げ，深め，係わり手 – 子どもの相互の信頼関係を深める道具です。

3．教材教具は，係わり手から言えば，共通の言葉となる発信と受信の道具です。
　　子どもの側から言えば，予測可能な受信と発信の道具です。

4．教材教具は，子ども個々の興味・関心・能力・特性に即した道具です。

5．教材教具は，子どもの発達の段階に合わせた系統性を重んずる基礎をふまえた道具です。

6．教材教具は，手がかりの多い適切な指導内容を埋め込んだ子どもの知的好奇心を呼び起こし，精神活動を豊かにする道具です。

7．教材教具は，自己実現の道具です。
　　・相互交渉の過程で，可能性を発見し，子どもの知的好奇心を満たす道具です。
　　・子どもが，成功感や達成感を体得し，その喜びを共有するふれあいの道具です。
　　・子どもの学習への自発や意欲を呼び起こし，情緒の安定をもたらす道具です。

- 子どもの手や目を中心とする感覚機能を呼び起こし，バラバラになりがちな手や目を中心とする感覚運動をまとまりのある，自分に納得のいく行動に組みたて，弁別，分類，認知などの概念形成をはかる道具です。
- 子どもの模倣や目的行動を呼び起こし，精神活動を豊かにする道具です。
- 子どもの日常行動のレベルアップをはかる道具です。

8．教材教具は，分解，構成を主とした操作性に富み，応答性のある道具です。

9．安定した形，調和のとれた美しい配色，快い肌ざわり，適切な大きさ，重さを備えた一味違った心のこもった感覚触運動感覚を中心に学習する道具です。

10．教材教具は，子どもの能力，特性，興味，関心，発達に応じて，継続的に無限に工夫されていく道具です。

11．教材教具は，その子どもの実態といまだ明らかにされていない教育内容を明らかにすると同時に人間の行動の成り立ちや原点を明らかにする道具です。

（2）教材教具の工夫

1．課題学習は，障碍のある子どもの人間としての可能性を信じ，できる課題からはじめます。

　教材を言葉の代わりとして，人間関係の成立をはかり，相互交渉の過程で学習を深め，達成感と自信，自発の高揚をはかり，係わり手との共感の場をつくり，信頼関係を深める工夫をします。

2．障害の程度，特性によっては，反応が早いために，課題の提示が間に合わないことがあります。

　このことは，障碍のある子どもの学習のペースが早いので，係わり手は，前もって予測される教材を準備し，相互交渉を活発にしたり，キャッチボールのように明快なやりとりができるような工夫をします。

　そして，係わり手は頃合をみて，子どもがよく見つめ，よく手で触って確かめるなどして，比較・弁別・選択・分類・分解・構成などのより知的な学習をするような工夫をします。

3．発達初期における相互交渉のやりとりでは，係わり手の発信と子どもの受信に

3　教材教具について

基づく発信が一つ一つ明確になるように工夫します。

　そのためには，発信では，係わり手が子どもの興味，関心，能力にあった，予測のつく教材教具を工夫し，受信の予測に基づき，どのように課題を受信し，どのように解決して，発信したかがはっきり意識できるように工夫することが大切です。

4．学習は，子どもの発達の段階に合わせて，分かりやすい順に，系統的に課題を提示し，失敗がないように留意します。

　応用問題は，基礎を明らかにし，予測が可能になってから提示します。

　子どもによっては，失敗に敏感に反応し，混乱を引き起こすことがあります。

5．基礎学習は確実にできるように工夫し続けることが大切です。そして，日常行動のレベルアップにつながるように工夫します。

　そのためには，係わり手は，子どもの手や目などの感覚の使い方をよく観察し，たとえば，三角を学習する場合，位置，方向，順序が操作的に理解できるように工夫します。

6．課題学習では，やらせにならないように，細心の注意を払います。

　やらせ（強制的な指示，命令）は，時により人間の尊厳にもかかわります。学習の原点である自発が起きにくくなります。

　そのためには
　　① 単純明快な目的をもった教材
　　② 予測可能な教材
　　③ 興味・関心に合った教材
　　④ 操作性に富んだ教材
　　⑤ 応答性に富んだ教材

から始めます。

7．子どもは，新しい教材や操作性に富んだ教材に興味を示します。

　それは子どもが，知的好奇心が高いからです。新しい教材は発想の転換や仮説の立て直しにつながります。

8．同じ学習内容を繰り返し強化するとき，同じ教材では，子どもに飽きられてしまいます。

　そんなときには速やかに課題を中止して，同じ学習内容を埋め込んだ新しい教材を工夫し，作成する必要があります。工夫できないときは色を塗りかえるだけでも興味を示すことがあります。

第3章　学習の課題と実践事例

9．学習中の言葉がけや手出しは禁物です。ヒントも与えないほうがよいです。
　　子どもが自力で工夫を凝らしているときに，中断することになると，とり返しがつかなくなることがあります。その子どもの尊厳を傷つけることにもなりかねないことがあります。
　　もし支援の要求があれば自尊心を傷つけないよう最低のヒントやガイドを工夫し，支援を行います。
　　学習中は，じっくり間をとって，自力で解決できるまで待つことが大切です。学習するのは，子ども自身であるからです。ただし，状況によっては臨機応変に対応することも必要なことです。
10．教材を提示するときの留意点は，教材は言語の替わりをするものですので，言葉による働きかけは最小限に留めた方がよいです。特に，概念形成の途上にある表出言語も理解言語も少ない子どもに対しては少ないほどよいです。
　　どうしても言葉がけが必要な場合は，事物や動作に言葉をのせて分かりやすく心をこめて働きかけます。
11．課題提示については，直接机上に提示するよりも，机上に学習用の底の浅い箱（学習用枠）をおき，その中に提示した方がよいです。
　　課題が枠内に整理されて提示されるので，予測も立てやすく，操作しやすく，集中しやすくなります。また，課題によっては，相手の手掌の皮膚に直接のせて提示した方がはるかに課題として伝わりやすいです。
　　2次元の机上に提示するよりも，1次元の手のうちの方が分かりやすいからです。また，手は他の感覚に比べ，元々主体的な感覚機能であるからです。
12．手をとってガイドするときは，本人が主体的に学習できるように工夫します。
　　たとえば，手指の使い方をガイドするときは直接手指をとって働きかけることは避け，軽くひじや腕などに働きかけて工夫します。
　　ガイドの位置は概ね後方がよいです。
13．働きかけに失敗したときは，直ちに仮説を立て直し，別の仮説に切り替えた方がよいです。
　　そのためには，仮設となる教材は多いほどよいです。それでも失敗したら改めて子どもに学び，教材教具を工夫します。障害は係わり手も子どもも相互状況であるからである。

4　実践事例

　ここでは，私が実際に係わったAくんとの課題学習の実践を紹介することで，知的に障碍のあるAくんが形の概念を獲得する経過，そして方位概念を獲得する経過について具体的に述べたいと思います。

Aくんの紹介

　平成X年12月生まれの男の子。生下時体重1,852ｇ。中度の知的障碍。私とAとの係わり合いがもたれた期間のΛの年齢は，3歳4ヶ月～6歳4ヶ月。Aは，生後種々の医療（脳波検査，CT検査など）を受け，それらのうちのいくつかは現在も継続中。肺動脈弁狭窄症。平成X＋4年8月よりてんかん発作が頻繁に発現するようになり，日常生活に支障をきたす状況もみられるようになってきていました。入学前，K支援学校の早期教育相談室に2歳8ヶ月から入学時まで，月2回通っていました。「ママ」，「パパ」，「シェンシェイ」など，1語文程度の限られた言葉（音声言語）を言うことがありました。係わり手の手を引っぱるなどの身体接触によるガイドや腕差しによる要求表現が中心で，私とAとのコミュニケーションは，言葉に身振りサイン，オブジェクトキュー[*1]やタッチキュー[*2]を添えるものが中心となっていました。指導開始当初のAには，自分の要求が通らないときに地団太を踏み，何とか自分の要求を通そうとする様子がたびたびみられました。

　Λには，次から次へと変化するとめどもない行動がみられました。こうした行動は，A自らが選択的に反応し，視覚を上手に使って意図的・計画的に行動を起こしているようには見えるものの，1つの行動の途中で，ある特定の刺激（玩具など）がAの視野に一瞬入ったことが引き金となり，その刺激に一方的に引きずられていくパターン

化した行動のように思われました。またAは，探す，見つける，見比べる，確かめるという視覚の使い方をしていないように見え，行動するために必要な位置，方位，順序などの基準が未形成で，外界を1つのまとまりとして全体的にとらえることができないために，その行動はとめどもなく，自分でもどこで始まってどこで終わったのか，分からなくなっているようにも見えました。

実践事例 1

　見本合わせ状況におけるAくんの形の学習の経過を書いたものです。
　Aくんがどのように形の概念を獲得したかを紹介したいと思います。

● Aくんの実態を受けての課題選定

　Aとの係わり合い当初，私が重要視していたのは，私自身がAの学校生活での安全拠点となるということでした。
　Aと大人との係わり合いの様子を見ていると，Aは1人の大人と「最後まで付き合う」，「満足するまで遊ぶ」などを，これまでに体験してこなかったのではないかと推測されました。私は，Aのやりたいことに最後まで付き合ったり，その時々のAの気持ちに寄り添いながら，Aが興味・関心を示したものに，私も一緒に注意を向けるようにして，それらを1つ1つAと共に確認しながら，係わり合いをもつようにしました。そうすれば，自分の願いを本気で聞いてくれ，自分の気持ちを受け入れてくれる私を信頼し，安心して受け入れ，徐々に私の提案も受け入れてくれるようになり，2者間での係わり合いが対等（主体と主体の関係）なものになっていくのではないかと考えたからです。
　係わりをもち2，3ヶ月後には，「私に甘える」，「私にうれしそうに抱かれる」，「短時間ではあるが，視線がしっかりと合う」ことなどがみられるようになり，私を拠点として行動する場面が現れるようになりました。また，身振りサインも，この時期から受信するようになり，私のネームサイン[*3]と「おしまい」は，発信するようにもなっていました。
　これは，Aとの関係の中で，「教授－学習」の一方向性を越えたAの主体性やイニシアチブ，共同性を重視し，Aの行動の読みとりと注意の共有を大切にしたやりとりを心がけたからではないかと考えられます。
　このように係わり合う中で，Aは外界を認知して運動を起こしているとは思われましたが，感覚や運動はまだ初期的状態に留まっており，受動的で統制されていないものでした。いかに感覚を意図的に使って，統制された運動に育てていくかが課題であり，視覚の使い方も不十分で，手で物を扱うことにも問題があるように思わ

これらの考察から、「私－Ａ」の関係性が成立した頃に、見本合わせ法による「色の弁別学習」をはじめることにしました。課題開始から３ヶ月で、赤、青、黄色の３色を色名によって弁別できるようになりました。日常生活では、私の「赤いＴシャツを着ている先生は誰？」の問いかけに、腕差しにより応えることができました。青、黄色においても同様の成果が得られました。

　続いて、「形の弁別学習」を課題として取り上げることにしました。型穴を使用した見本合わせ状況を工作し、型穴に合うピースを見本項として子どもに提示し、選択項として２つの形の型穴を提供しました。課題は、「見本のピースと同じ形を、選択項から選んで、型穴に入れてください」というものです。

　この課題は、形の弁別はもちろんですが、視覚の統制のもとで、手の運動を調節する学習をねらったものです。またその背後には、「見比べる学習」や「物と物とを関連づける学習」、「状況にあった手指の動きの学習」など、多くの視点を含んだ課題でもあります。これらの学習で身についた、探す、見つける、見比べる、確かめるといった視覚の使い方を日常生活においてもするようになり、行動するために必要な、位置や方向、順序などの基準形成にも役立つと考えられます。

● **見本合わせ状況における知的に障碍のあるＡくんの形の学習の経過について**

背景となる状況

　Ａが３歳８ヶ月（平成Ｘ＋３年Ｙ月Ｚ日）より形の学習をはじめました。

　Ｋ支援学校幼稚部では、週２回、30分間、個別の学習をする時間が設定されていました。Ａは、形の学習のほか、絵本の読み聞かせ、ままごとなど、課題をルーチンとして行っていました。学習を始める前には写真カードを使用し、Ａ自らやりたい活動を選ぶなども行っていましたが、ここでは、形の学習に限って記述することにします。

　見本と選択肢が、同時に現前し、１

度見本と選択肢をスクリーンでさえぎり，私からの「見本のピースと同じ形のほうに入れてください。」という言葉による合図で，Aがスクリーンをノックし，私によってスクリーンが取り外され，見本とされたもの（○△□の同色の木片ピース（凸：直径6ｃｍ，厚さ5mm）を，選択肢（凹：○△□の型穴）中に対応する型穴にはめ込ませる継時見本合わせの状況を工作し，単系列からはじめることにしました。

経過1：Y月Z日
1試行：○（見本項）｜○（選択項：P1：子どもから見て右側）□（選択項：P2：子どもから見て左側）以下，この順番で記述します。
2試行：○｜○□，3試行：○｜□○，4試行：○｜□○，5試行：○｜○□

結果・省察

1試行から4試行まで行ったところ，Aはすべてp2を選択しました。しかし，5試行目はP1を選択しました。

Aが課題に取り組む様子と結果から，Aは見本の○のピースを見て触り，選択項を見比べ，再び見本を見て，見本のピースを選択項中の型穴へはめ込むという視覚の使い方をし，選択項へ手による接近をするという連結は生起していないと思われました。これは，P2への場所のドミナント（優位性）が働いたためではないかと考えられました。そこで，継時見本合わせ状況は変えずに，見本項－選択項を1元－1元の同一図形にすることで，見本項のピース（○△□の凸）を，選択項の型穴（○△□の凹）にはめ込むという経験を十分に行えるようにし，交信を試みることにしました。

経過2：Y月Z＋5日
Aは離席し，課題を遂行しませんでした。

結果・省察

ここで，見本合わせ状況を考えてみました。

私が見本合わせ状況を工作したとしても，課題に取り組むか否かの決定権をもっているのはA自身です。課題をひっくり返す，その場から逃げる，他のもので遊ぶといった行動を抑え，Aが意図的に課題に向き合うから見本合わせは成立するのです。ですから，係わり手である私から言わせれば，見本合わせ状況というのは，何が起きてもおかしくない状況と言えます。そのような状況の中でAがあえて，見本合わせ状況に適合した行動を起こし，他の可能な行動を抑えることを選択するので，

第3章　学習の課題と実践事例

課題は成立するのです。

　今回，課題を遂行せずに席から離れたことは，課題を進めるかどうかの決定的な要因です。私が課題状況で見るべきところは，Aが取り組んでいる姿やしぐさであって，結果ではありません。Aが集中しているか，嫌な様子は見られないか，机の下の足は動いていないかなどを見るのです。

　席を離れた理由は，前後の行動文脈から考えても，私は読みとることができませんでした。再度，同じ状況で課題を遂行し様子を見ることにしました。

経過3：Y月Z＋7日

　見本項○△□（凸）1元－選択項○△□（凹）1元の延期見本合わせ状況で，○5試行，△5試行，□5試行を行いました。

結果・省察

　見本項の○△□のピースを見て触り（ピースを両手で触り，その形を確認しているように思われました），選択項を見て，見本のピースを型穴へはめ込むという視覚の使い方をし，選択項へ手による接近をするという連結は生起していました。

　見本項1元－選択項1元から始めたことで，○△□の形を十分に見て触ることができました。今回のAの様子から，A自身が感覚を活用し，運動を自発的に発現させ，形の違いを認識するような状況を，私が工作することが重要であると思われました。

　この1元－1元の継時見本合わせ状況をもう1度行い，それから1元－2元の単系列へと課題を進めることにしました。

経過4：Y＋1月Z－2日

1試行：○｜○□，2試行：○｜□○，3試行：□｜□○，4試行：□｜○□

結果・省察

　○の単系列では，1試行目P1，2試行目P2へ，見本の○のピースを，型穴にはめ込みました。

　見本の○のピースを見て触り，選択項を見比べ，見本のピースを，選択項の型穴へはめ込むという視覚の使い方をし，行動を起こしていました。

　□の単系列では，3試行目P2，4試行目は離席しました。

　2試行目は，P2への場所のドミナントがみられたのではないかと考えられました。私は，その場で正しい答えを教え，すぐにP1の型穴へ見本のピースをはめ込

4 実践事例

んでもらいました。

　これらのことから，状況を変えることにしました。□の単系列では，選択項として「□の型穴」と「凹状態になっていないただの板」を置き，□の型穴でなければ見本のピースが入らない状況を工作することにしました。

経過5：Y＋1月Z＋3日

1試行：○｜○□，2試行：○｜□○，3試行：□｜□φ（板：何もなし），
4試行：□｜φ□，5試行：□｜□○

結果・省察

　3試行目ではスクリーンが取り外されると，板のほうを指でつつき，1度視線を私に移し，再度板を指でつつきました。その後P1の型穴へ見本のピースをはめ込みました。

　4試行目では選択項を見比べ，見本の□のピースをP2の型穴へはめ込むという視覚の使い方をし，行動を起こしていました。

　5試行目では選択項を□○とし，状況を変えました。選択項を見比べ，P1の型穴に見本の□のピースをはめ込むという視覚の使い方をし，行動を起こすことができました。

　3，4，5試行目の結果から，見本項○□（凸）1元－見本項○□（凹）2元の継時見本合わせ状況を工作し，単系列から混系列へと課題を進めることにしました。

経過6：Y＋1月Z＋10日

1試行：○｜□○，2試行：○｜○□，3試行：□｜○□，4試行：□｜□○，
5試行：○｜○□，6試行：□｜□○，7試行：□｜○□，8試行：○｜□○

結果・省察

　全試行において見本の○□のピースを見て触り，選択項を見比べ，見本と同形の型穴へ見本のピースをはめ込むという視覚の使い方をし，行動を起こしていました。これは，単系列と混系列のどちらにおいても同様の視覚の使い方をし，行動を起こすことができました。

　同じ状況で，Y＋1月Z＋17日，Y＋1月Z＋19日にも課題を行い，同様の結果が得られました。

　ここで，○□の形の弁別が可能になったものとみなし，○△の形の弁別へと，課題を進めることとしました。

見本○△（凸）1元－選択項○△（凹）2元の継時見本合わせ状況を工作することとしました。

経過7：Y＋2月Z＋7日

1試行：○｜○△，2試行：○｜○△，3試行：△｜○△，4試行：△｜△○，
5試行：○｜○△，6試行：○｜○△，7試行：△｜○△，8試行：△｜○△

結果・省察

　見本が△の場合，選択項の型穴がP1の位置にある（4，7試行）ときは，滞りをみせました。2回とも，その場で正しい答えを教え，改めて提示し直し，やってもらいました。P2の位置にある（5，8試行）ときは，滑らかな視覚の使い方をし，行動できていました。

　前者は，今までにもみられたように場所へのドミナントが働いたものと考えられます。経過4にならって，△の単系列では，選択項として「△の型穴」と「凹状態になっていないただの板」を置き，△の型穴でなければ見本のピースが入らない状況を工作することにしました。

経過8：Y＋2月Z＋14日

1試行：△｜φ△，2試行：△｜△φ，3試行：△｜φ△，4試行：△｜△φ，
5試行：△｜○△，6試行：△｜△○

結果・省察

　2試行目で見本の△のピースをP2の位置へはめ込もうとしましたが，はまらないことを確認すると，自分でP1の位置へとピースをはめ込みました。

　4試行目では選択項を見比べ，P1の位置へ見本のピースをはめ込みました。

　5，6試行目では選択項を○△の型穴にし，状況を変えました。選択項を見比べ，見本の△のピースを，△の型穴へはめ込むという視覚の使い方をし，行動がみられました。

　Y＋2月Z＋21日，Y＋2月Z＋23日の2回，○△の同じ状況を工作し，混系列で課題を進めました。見本△においては，多少場所のドミナントがみ

られましたが、9割近い確率で○△の形の弁別を行うことができました。
　ここで、○△の形の弁別が可能になったものとみなし、△□の形の弁別へと課題を進め、見本△□（凸）1元－選択項△□（凹）2元の継時見本合わせ状況を工作することとしました。

経過9：Y＋3月Z＋5日
1試行：△｜□△，2試行：△｜△□，3試行：□｜△□，4試行：□｜□△
結果・省察
　△□ともに、見本の△□のピースを見て触り、選択項を見比べ、正解の型穴へ見本のピースをはめ込むという視覚の使い方をして、行動を起こすことができました。
　単系列では滞りなく課題が遂行されたので、混系列へと課題を進ませ、Y＋3月Z＋7日、Y＋3月Z＋12日の2回、合計16試行行い、全試行において正解がみられました。また、場所のドミナントもみられなくなりました。
　ここまでの学習で、型穴を使用しての○△□の形の区別は理解することができたものと考え、課題を終了することとしました。

考　察
　知的に障碍のあるAが、形を認識していくプロセスにおいて、どういうところに滞りやつまづきを見せ、それに対して、私がどのような対処を行ったかという交信活動を、1年間にわたる課題学習の中で紹介しました。
　知的に障碍の重い幼児期の子どもの場合、係わり手が子どもの課題を見つけ出すことが容易でない場合が考えられます。実態を把握する上でも、従来からある心理的、発達的、教育的な検査によって障碍の内容や程度、知的面、発達面などを評価しても、障碍が重くなればなるほど把握は困難になります。つまり、どの検査も、その子どものために作られた検査でないため、今の状態を正確に把握するには無理が生じ、一応の目安として使用するにとどめることが適当であるように思います。
　また課題学習とは、係わり手が課題を設定し、教材・教具を介在させつつ、子どもに課題の内容を理解

させていくという学習形態[1)]のことです。

　また，相互障碍状況[2)]にある子どもたちとの教育的係わり合いにおいて，課題学習は，人間行動[3)]の形成を図る教育的係わり合いの中で生じる課題を，子どもが解決しやすい方法で条件を整え，系統的に課題を組織し，その中で子どもが学習していくことなのです。

　さらに学校という臨床現場にいると，知的に障碍のある幼児期の子どもの場合，係わり手が設定した課題に応じない子どもに直面することが多いものです。教育課程などが整っていても，一般論では対応できない子どもに直面したとき，漠然とした働きかけではなく，課題学習を導入し，十分意図をもった，条件を整えた働きかけが必要となります。

　私は本実践で，何らかの整理された状況を設定することで，そこを拠点に，Aの滞りやつまづきからの脱却を計画していきました。そこから，Aが適切に手がかりを活用し，その手がかりに応じて，実現可能な行動を実行できるように，人間の認識の基本にかかわる，「同定・弁別」，「比較・分類」，「分解・概括・抽出・代替，終結」といった，操作から成り立つ状況を構成していきました。私は，交信の滞りやつまづきに対して，いかなる対処，原則でもって解消に導き得たのかを，見本合わせ状況の「形弁別」での交信活動における「形の概念を獲得する経過」によって紹介しました。

実践事例 2

2次元的空間内におけるAくんの方位の学習の経過を書いたものです。Aくんがどのように方位概念を獲得したかを紹介したいと思います。

● Aくんの実態を受けての課題選定

「見る」ことや「見分ける」ことは，受動的な視覚刺激の受容によって成立するものではありません。何かしらの事柄を「やってみたい」とする活動文脈の中で，選択的・意図的に「見る」ことによって，初めて生じてくるものであると考えられます。

Aは，これまでの私との課題学習の中で，色（赤，青，黄色），形（円，正三角形，正方形）の弁別ができるようになっていました。

仮名文字を弁別できるようになるためには，図形の弁別のほかに，位置や方位による弁別が必要条件となってきます。たとえば，平仮名の「し」と「つ」は，方位による弁別が可能になって初めて，別の図形として識別されると仮定することができます。

Aとの学習を，仮名文字獲得のために，方位の異なる直線の弁別学習から始めることにしました。知的に障碍のあるAが，線分の方位分化について，2次元的空間内における方位概念を獲得する経過で，どういったところに滞りやつまづきを見せ，それに対して私がどういう対処でもって課題を遂行したかを，日々の記録をロングスパンの活動として物語る中で整理していくこととします。

また私は，Aと課題学習を行うにあ

たって，係わり手としてAの知を理解するためには，Aの立場に身を置き，Aになってみて，Aの経験をも含めて了解していくことが必要であると考えていました。つまり，課題学習の中でAの学びを理解するためには，記録を筋立て，1回1回の記録をつなぎ合わせて，Aの思考過程を再現してみるという作業を行うことで，Aの思考のプロセスに寄り添い，Aの立場に身を置くことが要求されるのです。私がAの視点で記録をつなぐことで，断片的で曖昧な言葉は精選され，Aの思考過程全体を描き出す物語として表現することができます。

● 2次元的空間内における，知的に障碍のある Aくんの方位概念を獲得する経過について

背景となる状況

この日から方位の異なる直線の弁別学習をはじめました。

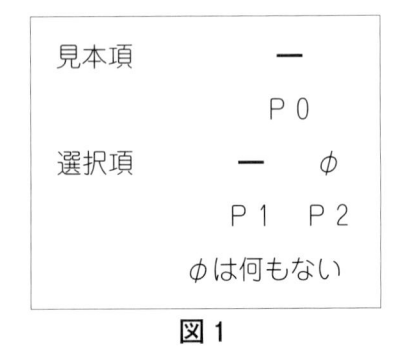

見本と選択肢が同時に現前していますが，1度スクリーンで見本と選択肢をさえぎり，私からの「見本のピースと同じ直線のほうに入れてください。」という言葉による合図でAがスクリーンをノックして，私がスクリーンを取り外し，見本とされたもの（—｜の木製のピース（凸））を，選択肢（—｜の型穴（凹））中に対応する形型穴にはめ込ませる継時見本合わせの状況を工作し，単系列から混系列へと課題を進めることにしました（図1）。

```
見本項       —
            P 0
選択項       —    φ
            P 1   P 2
         φは何もない
```

図1

経過1：Y月Z日

1試行：｜｜｜φ，2試行：｜｜｜φ，3試行：—｜φ—，4試行：—｜—φ，
5試行：—｜—φ，6試行：—｜φ—，7試行：｜｜｜φ，8試行：｜｜｜φ，

9試行：｜｜｜φ，10試行：｜｜φ｜，11試行：｜｜｜φ．

結果・省察

　Aは，4月よりてんかん発作が頻繁に起こるようになり，この日も，朝から数回てんかん発作が起こり集中力に欠けたところがありました。

　3，5，7，10試行では，それぞれφを選択しました。私はすぐにその場で正しい答えを教え，もう1度提示し直し，やってもらいました。

　また他の試行では，見本のピースを見て触り，選択項を見比べ，見本のピースを選択項の型穴へはめ込むという視覚の使い方をし，行動を起こしていました。

　6試行目では，P1，P2の選択項を見比べ，正解のピースをポッキングしながら私に視線を向けました。この行動は，「こちらが正解だよ。」と，私に伝えているようでした。

　初めての課題であり，またAの様子からも，慣れないことや戸惑い，てんかん発作による集中力の欠如などが感じられたため，これ以上の課題遂行はやめ，次回も同じ状況で課題を行うことにしました。

経過2：Y月Z＋7日

1試行：―｜―φ，2試行：―｜―φ，3試行：―｜φ―，4試行：―｜φ―，
5試行：｜｜φ｜，6試行：｜｜｜φ

結果・省察

　1試行目は，P2の位置をポッキングしながら，私に視線を向けました。私は「違うね。」と言いながら，すぐにその場で正しい答えを教え，改めて提示し，やってもらいました。

　3，5試行目は，φのピースを私に手渡し，P2のピースをポッキングしながら，私に視線を向けました。私に，「こちらが正解だよ。」と伝えているように思われました。この場合，いらないものを私に渡し，その後に正解を教えたようでした。

　Y＋1月Z－10日も，φのピースを私に手渡し，P2のピースをポッキングしながら私に視線を向けるという行動がみられました。これが今のAの秩序であると考え，矯正せずに，同じ状況で次回も課題を遂行することにしました。

経過3：Y＋1月Z－3日

1試行：―｜―φ，2試行：―｜φ―，3試行：―｜φ―，4試行：―｜―φ，
5試行：｜｜φ｜，6試行：｜｜φ｜，7試行：｜｜φ｜，8試行：｜｜φ｜

第3章　学習の課題と実践事例

結果・省察

　見本が━のピースの場合，選択項のP1，P2を見比べ，正しい場所の型穴へ，見本のピースをはめ込む行動が確実なものになってきました。

　しかし，見本のピースが┃の場合，つまり，┃｜φ｜，｜｜φ┃の状況では，見本のピースを━の状態で持ち，選択項の┃の型穴へはめ込む行動が見られました（5，6，8試行）。

写真1

　この後，Y＋1月Z＋4日，Y＋2月Z－21日，Y＋2月Z－14日でも，同じ状況で課題を遂行しましたが，やはり見本の｜のピースを━にして，選択項中の｜の型穴へはめ込むという行動がみられました。

　図柄としてみれば，｜線も，━線も，同じと考えることができます。

　そこで，見本のピースを長さ3cmほどの棒に変え，選択項には，この棒をはめ込むことができる型穴を用意し，見本項2元，選択項2元の継時見本合わせ状況を工作（写真1）することとしました。2元−2元の状況に工作したのは，見本項の棒は━だけでなく，｜も存在すること，そして━｜にそれぞれ行き場を設けることで，必ず正解を得られるようにし，Aの自信と達成感に繋げること，また縦，横の2次元的空間内における意識づけが有効にできるのではないかと仮定したからです。

経過4：Y＋2月Z−9日

1試行：━　━｜━　━，2試行：━　━｜━　━，3試行：｜｜｜｜｜，
4試行：｜｜｜｜｜，5試行：｜━｜━｜，6試行｜━｜━｜，7試行━｜━｜━，
8試行：━｜｜｜━

結果・省察

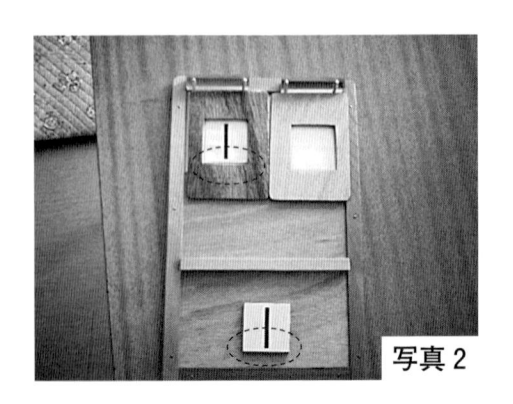

　見本の━｜の棒に，それぞれ行き場があったため，選択項中の型穴へはめ込むことができ，縦と横を意識することはできたのではないかと考えられました。また，間違わずに課題が達成できたということもA自身の自信につながったと思われました。

写真2

128

この後，混系列（ー｜ーφ，ー｜φー，｜｜｜φ，｜｜φ｜）で課題を遂行しました。この状況でも，見本が棒であるため，｜ーの線が書かれたピースとは違い，必ず正解が得られるにで，Aにとっては達成感と自信に繋がる迂回作業となったと思われました。

　そこで元の状況（ー｜のピース）に戻し，課題を遂行することとしました。ただ1点，状況を変えたのは，見本のピースと選択項中の型穴に赤色の基準線を設けたことです（写真2）。この基準線を座標軸として，方位の手がかりとし，両図形の方向を理解しながら見本合わせができるのではないかと考えました。

経過5：Y＋5月Z－13日

1試行：｜｜｜φ，2試行：｜｜｜φ，3試行｜｜φ｜，4試行｜φ｜，5試行｜｜｜φ

結果・省察

　ー｜の直線とは色違いの赤色の基準線を両直線の下に引きました。両直線を比較するための共通の座標軸を設けようとしたわけです。したがって，｜線は基準線と垂直，ー線は平行という関係が構成されたのです（写真3）。

　3試行目ではP2の型穴に見本のピースをーではめ込みましたが，自分で違うことに気づき，｜ではめ直しました。

　1，4試行ではそれぞれ正解の型穴へ，見本のピースをはめ込むことができませんでした。すぐにその場で正しい答えを教え，改めて提示し直し，見本のピースをはめ込んでもらいました。

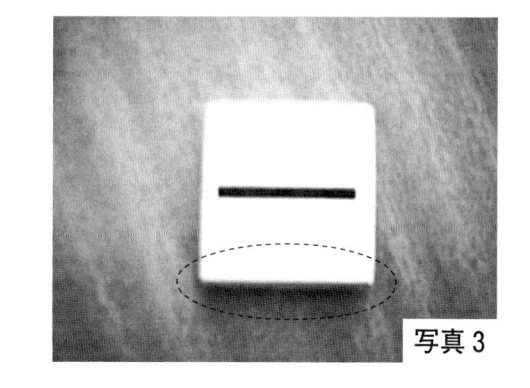

　5試行目では，P1の位置をポッキングしました。私は，Aのその行動に気づいてはいましたが，それに応えることなく，見本のピースを型穴にはめ込ませることに注意が向いていました。その間Aは，見本のピースを型穴にはめ込まずに，取り除かれたスクリーンを自分で立てノックをしました。

　この行動は，P1をポッキングすることで，私に答えを教えていたのであり，Aにとってみれば，この試行はそこで終結していたのです。ですから，次に自分でスクリーンを立ててノックをし，改めて課題を行うという意思表示の行動に出たわけ

第3章 学習の課題と実践事例

です。この時，私は気がつくことができませんでした。これが今のAの秩序であるならば，これを認め私が応えなければならなかったのです。

また，赤色の基準線に関していえば，Aの注意を引くことができたかどうか今回の学習から判断することができませんでした。紙面上に描かれた│線と─線の区別がつかないからといって，Aに方位の概念がないということではありません。しかし今の状況では，活動が滞っていることは事実で，状況を変えてみることにしました。

背景となる状況

「見分ける」ことが，直接的な目的である課題学習場面のときは，「不正解」は目的が達成されないことになってしまいます。

この時の私とAの関係には，もっと気楽に「見る」ということができる活動が必要なのではないかと考えました。

課題学習場面は，Aにとってたえず緊張した場面でもあり，目的を自分で達成できることで，緊張が解きほぐされるような満足感を味わえる場面でもあります。それがなかなか達成できない課題に直面し続けることで，Aが保っていた緊張感が切れてしまうのではないかと思われました。

そこで，日常生活の中で見られる方位判断と，紙面上という2次元空間上

での方位判断との関係を整理し直してみることとしました。

　私は，紙面という2次元空間上に座標軸を設けることで，直線の向きを確定できるのではないかと考え，課題学習を進めてきました。

　その中で，なかなか進まない状況を変えようと，対象となる直線（黒色）とは色の異なる基準線（赤色）を引きましたが，このような作業だけでは弁別をたすけることにはならなかったのです。そこで，Aにとって日常生活上の方位判断の基軸となっていると仮定できる「身体の軸」からの学習を始めることを考えました。

　その学習は，
1．Aが自分の「身体軸」の「立っている」，「寝ている」の判断はできるか。
2．私が，身体を左右どちらかに傾けると，Aもまねて同一方向（面対象）に身体を傾けることができるか。
3．ぬいぐるみを使用し，見立てた軸を「立たせる」，「寝かせる」，「傾ける」ことはできるか。

以上の3つで，課題を遂行することにしました。

経過6：Y＋5月Z－15日

　1に関して，私はAと向かい合わせに立ち，「Aくん寝るよ。」と言いながら私が寝ると，Aも寝ることができました。「立つよ。」と言いながら私が立つと，Aも立つことができました。この2つの動作は，私からの「寝るよ。」，「立つよ。」の言葉がけだけでも行うことができました。

　2に関しても，言葉に動作を重ねた場合，言葉だけの場合，そのどちらにおいても左右どちらかに身体を傾けることができました。

　3に関しても，私が抱いているぬいぐるみを傾けると，Aも同じ方向（面対象）にぬいぐるみを傾けることができました。また寝かしたぬいぐるみを，私が「立たせて。」と言うと，立たせることもできました。反対に「寝かせて。」と言うと，寝かすこともできました。

結果・省察

　この結果から，紙面に描かれた直線を紙ごと動かして，「立てる」，「寝かせる」という直線の学習を試みることにしました。

経過7：Y＋5月Z－18日

　ぬいぐるみから紙面に描かれた直線に変わると，とたんにAはできなくなりまし

た。そこで，直線に近い長さ10ｃｍほどの棒や爪楊枝を用いて行いましたが，やはりできませんでした。

結果・省察

　紙面という「図と地」が固定された空間内で，身体の軸の動きを伴わない縦線，横線の区別になると弁別ができなくなったのです。

　つまり，基軸（身体）そのものの回転移動による弁別であれば，縦線，横線の区別は可能であるのですが，座標軸と直線との位置関係による判断でつまずいていると考えることができました。

　私たちが，紙面上に描かれている事物を見るとき，普通は紙の上部を「上」，下部を「下」と判断します。この同じ紙を，机上に置いて見るときでも，手にとって見るときでも，「上」は「上」，「下」は「下」と判断しています。

　つまり，自分の身体の方位の軸を，紙に描かれた事物の方位に，メタファー（変換）して上下の判断をしているわけです。このように，身体という3次元に存在する方位の軸が，紙面という2次元上にメタファーされるときの「変換ルート」をAに学習させることができるのであれば，紙面上の方位判断が可能になるのではないかと考えました。

　そこで，デジタルカメラを用いて，Aが好きな被写体を紙面上に変換して，見比べる活動を行うことにしました。

背景となる状況

この日までに休み時間を利用して，校地内を2人で回り，スクールバスやからくり時計など，Aが興味を示したものの写真を撮って回りました。

スクールバスなどの被写体を写すときには，Aと一緒にデジタルカメラの画面を見ながら，Aにシャッターを押してもらうようにしました。それをいったん写真のL判にプリントし，その写真をAに持たせ，再度被写体に行き，実際の被写体と写真とを見比べる活動をしました。

経過8：＋5月Z－4〜Z＋7日

はじめ私は，Aが被写体を見る身体軸と写真を見る身体軸が，同一方向になるように写真を渡しました。何回か繰り返すことで，私が写真の上下を逆さまに手渡しても，Aは自分で写真の向きを修正して見比べるようになりました。

Aはこれらの活動から，写真という2次元空間に，自分の身体の上下の軸をメタファーして見ることができるようになったのです。

またAは，写真内における左右の判断もできるようになりました。スクールバスの写真を見て，私の「バスはどっちに走るの？」の問いに，右方向を指差しするなど，3次元空間内における右方向を，写真の中に変換して指差しすることができるようになったわけです。しかし，私の「右」，「左」の音声信号と方位が対応したわけではないのです。

結果・省察

Aが，実際に活動する3次元空間上の位置関係を写真という2次元空間上の座標軸上に変換できるようになったことは，紙面という2次元空間上における図形の方位判断の前提値を満たすものと考えることができます。

ここで再度，机上での方位の学習を再開することにしました。

経過9：Y＋5月Z＋8日

1試行：ー｜ー｜，2試行：ー｜ー｜，3試行：ー｜｜ー，4試行：ー｜｜ー，
5試行：｜｜｜ー，6試行：｜｜ー｜，7試行：｜｜｜ー，8試行｜｜ー｜

結果・省察

全試行において，Aは見本のピースを見て触り，選択項を見比べ，見本のピース

を型穴にはめ込むという視覚の使い方をし，滑らかな行動を起こしました。

このことと，正解をA自身が，自分で見てフィードバックできる状況（選択項の型穴を2段にしたこと；写真4）が，今のAの秩序に合致してきたことから，場所のドミナントや一の偏好性がなくなったと考えられます。

写真4

―｜の区別は，この時点で一応完了したとみなし，／ ＼ の斜線と―｜の線とを，区別する状況を工作し，継時見本あわせ状況で課題を遂行することにしました。

経過10：Y＋6月Z－18日

1試行：― ｜ ／ ―，2試行：― ｜ ― ／，3試行：― ｜ ― ／，4試行：― ｜ ／ ―，5試行：― ｜ ／ ―，6試行：／ ｜ ／ ―，7試行：／ ｜ ― ／，8試行：／ ｜ ― ／

結果・省察

―線と／線の継時見本合わせ状況を工作し，課題を行いました。

1，6試行目では，上の段（正解位置の方）にピースをはめ込みました。

残りの試行では，見本のピースを見て触り，選択項を見比べ，見本のピースを下段の型穴にはめ込むという視覚の使い方をし，滑らかな行動を起こしました。

ここでも，正解をA自身が自分で見て，フィードバックできる状況が，今のAの秩序に合致していると思われました。

次回は，｜線と＼線とを区別する状況を加え，継時見本あわせ状況で課題を遂行することにしました。

経過11：Y＋6月Z－11日

1試行：｜ ｜ ＼，2試行：｜ ＼ ｜，3試行：｜ ＼ ｜，4試行：｜ ｜ ＼，5試行：＼ ｜ ＼，6試行：＼ ＼ ｜，7試行：＼ ｜ ＼，8試行：＼ ｜ ＼，9試行：＼ ＼ ｜

結果・省察

1試行から4試行目までは，見本のピースを見て触り，選択項を見比べ，見本のピースを下段の型穴にはめ込むという視覚の使い方をし，滑らかな行動を起こしま

した。

　5試行から9試行目も，見本が＼線に変わりましたが，見本のピースを見て触り，選択項を見比べ，見本のピースを上段の型穴にはめ込むという視覚の使い方をし，滑らかな行動を起こしました。

　ここでは1度も間違えることなく，見本のピースを正解の形態盤へはめ込むことができました。ここで｜線と＼線の区別ができたものとみなし，学習を終了することにしました。

考　察

2次元空間上の方位判断

　今回の実践から導きえたことは，以下の3点です。

　3次元空間上の方位判断（上下，左右）は，身体軸が基本軸となります。

　2次元空間上の方位判断は，身体軸を基本軸として，3次元空間上の事物の上下，左右の判断を，2次元空間上にメタファーすることでなされます。

　3次元空間上の事物を，写真などの2次元空間上に変換することを繰り返し行うことで，2次元空間上のどこを上とし，どこを下とするかに関する基軸ができあがると，2次元空間上に描かれた新奇な事物に関しても，自分の身体軸を基にして，上下判断が可能になります。

「見る」ことと「見分ける」こと

　机上での学習は，見本を見てから選択肢を見比べる，再度見本を見て，選択肢の中から見本と同じものを選ぶという行動，いわゆる「〜してから〜する」という行

第3章　学習の課題と実践事例

動が，連続して起こることが必要であり，「見分ける」ことが目的となっています。

　これに対して，外でのデジタルカメラを用いた活動は，「見分ける」ことが直接の目的とはなっていません。またAは，この頃から私のしぐさやふるまいのまねをすることが，日常生活の中で頻繁に見られるようになってきていました。「まねる」ということは，「自分の身体軸を相手の身体軸に重ね合わせ，相手の立場から物事を見ることができる」[1]ようになるということです。自分の身体軸をスクールバスやからくり時計に重ね合わせ，「見る」ことができるようになったことが，上下，左右という方位を理解する要因の1つになったと考えられます。

　このように「まねぶ学び」[2]を頻繁に行うことで，「分かる学び（見分けること）」[3]に高次化されたと考えることができます。

　外でのデジタルカメラを用いた活動は，机上学習のように常に緊張感がある活動ではなく，A自身が「やってみたい」という思いが，私にも伝わってくるほど，Aの知的興味をそそるような，つまりAの知的欲求水準にも見合った活動内容であったと思われます。そのことが，Aの内発的な興味や意欲を引き出すことにつながり，自ら気づき発見する中で，主体的にAが「見る」ことを行い，私がAの活動の動機づけやモチベーションを高める支援を行ったことで，「見る」力が育ち，「見分ける」力へと高次化されたと考えることができます。

　今回の実践は，私とAが学習活動の中から学びの芽を見つけ，「やりたいと思ったことについて思いをはせ，やり方を考えては実行し，やった結果を反省してまたやり直す」という，ごく自然な人間の思考の中で，Aは3次元空間を介して，2次元空間上の方位判断が可能になったと考えられます。

　教師（係わり手）の思考・行動様式として深く根づいている教育目標と評価に関しての客観化と計量化への志向，知識・行動の獲得を目指した指導中心の学習活動では，今回のような「分かる学び」に行きつくことはなかったと思います。

補足説明

　＊1：オブジェクトキューとは，毎日の生活の中で「決まってすること」や，「ある活動を行うときが来たこと」をそれぞれの活動の中で子どもが実際に「使うもの」や，子どもにとって「特定の活動」を「象徴する物」などと結びつけて子どもに知らせるものです。

　＊2：タッチキューとは，子どもの身体に特別な触り方の身振りをして，「だれがいるのか」，「次に何が起きるのか」を伝える方法です。予告や情報を子どもに提供するばかりでなく，係わり手が子どもにしてほしいことを，直接身体に知らせたり，促したりする

こともできるものです。
＊3　ネームサインとは，子どもが今，係わり合いをもっている人はだれなのかが分かる特別な触り方による合図です。「人」は「動き方」,「声」,「体臭」,「肌触り」,「外見」など，その「人」特有の特徴をもっています。子どもが，この特徴をどれだけ知覚できるかは，その子どもの「可能な感覚」によります。ブレスレットやひげ，明確な身振りなどは，シンボルがその人に結び付いている大変価値のあることなのです。

お わ り に

　ここ数年，大学の研究室で教育相談を行っています。
　ある子どもさんのお母さんが正直な感想を記した手紙を下さいました。この手紙を本書のおわりに替えさせていただきます。

　今回の教育相談は，ほーちゃんが今まで7年間に私に与えてくれた嬉しかったことの中でもきっとずっと何度も私の思い出の中で，思い返すだろうと思われるほど，幸せな気分に浸してくれる場面をみせてもらえました。
　前回の相談のときに，「目と手の協応動作が苦手です」と先生に話したとき，「協応にはこんな課題をするのですよ」と今回使っていたビスやパズルなどの教材を見せてもらって，正直，ほーちゃんがそんな小さい物を入れられるとは思っていなかったですし，実際おもしろいものでもないし，家でも全くやったこともないし，無視するか嫌がるか，その課題をできるとは本当に思っていませんでした。
　でも，ちゃんと私ではなく先生と一生懸命取り組んでいる姿を見て，たぶん他の同じ位の年齢の子どもをもった親が，子どもの成長の過程で歓ぶ回数が100回あったとして，ほーちゃんはきっとほんの1，2回あるかないかというところで，でもその1回の中で，私は心の奥に「こういう瞬間がいままでの哀しみや苦しさを洗い流してくれるんだ」と，その時間を深く胸に刻ん

だのでした。

　改めて私は先生のほーちゃんに対する係わり方が的確なものだったんだと思いました。

　ほーちゃんは視覚認知障害と自閉症といろいろ重複した障害をもっていて物事に対する概念も理解できず，秩序も一貫性もない混乱した世界の中で生きています。他の人との折り合いのつけ方もコミュニケーションのとり方もわからず，知覚的能力も表現力も備わっていない自分の世界に身を任せているという状況を，先生は見抜いてくれていたんだと思うのです。

　今でもどうやって人を識別しているのかも全くわからないのです。けれど，たとえばそれは先生の膝のぬくもりだったのか，ひげの感触だったのか，声だったのか，いつも一緒にいるということなのか，そういうことの全部から安心感が得られるようにという配慮をしてあせることなくほーちゃんのペースに合わせて，その時々，ほーちゃんの全くわからない話にもきちんと聞いて応えてくれたことなど，1つ1つのほーちゃんとのやりとりの積み重ねがきっと少しずつほーちゃんの心の殻を破ることになっているのかなー。

　自己コントロールのために「おしまい」ということを動作と一緒に覚えさせてくれたこともきっと色々な場面で使うことで，これからきっとほーちゃんも自分で自分をコントロールできるようになれるかもしれないと思いました。

　ある時玄関で，まだ先生は結構いたと思うのですけれど，みんな「ほーちゃんおはよう」と声をかけてくれて，ほーちゃんはグルッと見廻してから「菅原先生どこいった」と言っていて，その時点ではもう先生との関係はほーちゃんの中でもしっかりできていたと思われるし，信頼感を感じもしました。

　いつも一緒にいることで先生も広い意味で愛情をもって係わり合いをもってくれていることがほーちゃんにも伝わっているのだと思います。

　また，私なんかはやっぱり課題そのものの出来・不出来をつい考えてしまいます。そのこととそれに伴う側面，係わり手との関係や手の使い方（全身，各部の動き），認識力，集中力，間違いや迷いによる本人の心の揺れは混乱から回復する力になりうる

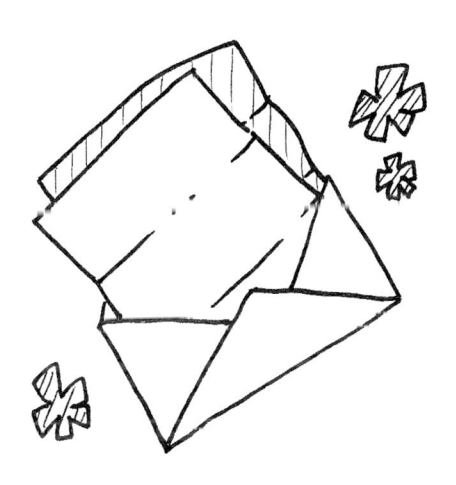

し，また，つまずいてもそこから立ち直る経緯（これってとても難しい）そのプロセスこそが人が成長していく上で大きな力になるのでしょうね。色々な意味合いがあるのですね。

（ほーちゃんのお母さんの承諾を得て，原文のまま記載しました。）

　今までの障碍のある子どもの教育は，日常生活の基本的習慣づけと，言葉によるコミュニケーションの確立が，2つの大きな柱になっていました。
　この教育によって，知的に障碍のある子どもの教育を進めた場合，単なる機械的訓練となりやすく，その方法は，直接的，強制的，条件づけられたみせかけの行動が成立することが多いのです。
　本当にその子どもにとって必要な行動の基礎となる課題的，空間的な行動が，かえって消えてしまうことがあります。それゆえ，知的に障碍のある子どもの教育の出発点において，しつけの教育，言葉の教育から離れて，感覚の使い方と，その感覚に基づく運動の自発による外界の構成，および，言葉によらない発達初期のコミュニケーションの芽生えをめざすまったく新しい立場に立って，教育が進められなければならないのです。

　本書で紹介した教材は，2011年度菅原ゼミ3回生の伊藤祥子さん，貝原麻美さん，高橋めぐみさん，三好穂波さん，山川光加さん，山川明日香さん，森井千景さん，水本亜紀さん，竹田亜衣さん，野口陽子さん，片岡茉莉さんと4回生の今西祐子さん，畑ひとみさん，住岡美菜子さん，牧さくら子さん，荒巻麻衣さんとゼミ活動で資料として活用し，議論を重ねたものです。
　また，3回生の新田裕理江さんと森井千景さんには，何回も本文を読んでもらい，誤字脱字の修正やレイアウトなどをしてもらいました。
　本文中のイラストは，2回生の速水理恵さんが描いてくれました。
　学生たちの力を借りて，書きあげることができたことを最後に付け加え，感謝を述べたいと思います。

　本書で「障碍」という表現を用いました。普通は「障害」と書きます。ただ，「害」は害毒の害です。「碍」という語を用いるとさまたげになる石という意味があり，さまたげになる石を目から取り除けば障碍はなくなります。ですから，私は「碍」を用い，「障碍」と使っています。

子どもたちは何も「毒害」を流しているわけではありません。どのような語を用いるかというのは，本人にとってプラスのイメージになるような語を用いればよいのです。

　これらの考えから，本書では「障碍」という語を用いました。

平成23年10月
　故郷北海道にて

引用・参考文献

1）重度・重複障害児指導研究会編：課題学習の指導．岩崎学術出版社，1979．
2）進一鷹：基礎学習の教材づくりと学習法．明治図書，2005．
3）水口浚：障害児教育の基礎．ジエムコ出版株式会社，1995．

実践事例1　引用文献

1）高杉弘之：障碍児における課題学習の意味と役割．教育と医学，1980−5月号．
2）梅津八三：心理学行動図．重複障碍教育研究所紀要　創刊号，1−37，1976．
3）中島照美：人間行動の成り立ち−重複障碍教育の基本的立場から−．重複 4）障碍教育研究所紀要，第1巻，第2号，1−58，1982．

実践事例2　引用文献

1）浜田寿美男：身体から表象へ．ミネルヴァ書房，2002．
2）松木健一他監修：変わろうよ！学校．東洋館出版社，88−116，1996．
3）同前書

著者紹介

菅原伸康（すがわら・のぶやす）

1967年北海道網走市生まれ 福井大学大学院修了
国立久里浜養護学校文部科学教官，佛教大学教育学部教授を経て現在，
関西学院大学教育学部教授

障碍のある子どものための教育と保育②
写真でみる障碍のある子どものための
課題学習と教材教具

2012年3月30日	初版第1刷発行	〈検印廃止〉
2018年1月20日	初版第2刷発行	

定価はカバーに
表紙しています

著　者	菅　原　伸　康
発行者	杉　田　啓　三
印刷者	中　村　勝　弘

発行所　株式会社　ミネルヴァ書房
607-8494 京都市山科区日ノ岡堤谷町1
電話(075)581 5191／振替01020-0-8076

Ⓒ 菅原伸康, 2012　　　中村印刷・清水製本

ISBN 978-4-623-06279-9

Printed in Japan

障碍のある子どものための教育と保育①
エピソードでみる障碍の理解と支援

菅原伸康 著　　　　　　　　　　　　　　　　B5判160頁　本体2400円

　障碍のある子どもとの係わり合いの中での子どもの行動の意味の読み取りと解釈を，実際のエピソードの紹介をとおして，わかりやすく解説する。前半で35のエピソードを見開きで紹介。後半では，これらエピソードに含まれる障碍児との良好な係わりを築くためのポイントを理論や制度の説明も交えてやさしく解説する。

障碍のある子どものための教育と保育③
エピソードで学ぶ障碍の重い子どもの理解と支援

菅原伸康・渡邉照美 編著　　　　　　　　　　　B5判120頁　本体2400円

　重度・重複障害児の特性，「自立活動指導」のポイントや，教員の専門性など障害の重い子どもの指導に当たる教員の「疑問に思うこと」「指導に悩むこと」についてエピソードを交えてわかりやすく解説する。日々の指導に役立つ実践的な指導資料。

特別支援教育を学ぶ人へ──教育者の地平

菅原伸康 編著　　　　　　　　　　　　　　　A5判304頁　本体2800円

　特別支援教育の基本テキスト。特別支援教育の考え方や基本的な内容，指導と支援の在り方，諸課題を具体的にわかりやすく解説する。

すぐ実践できる情報スキル50 学校図書館を活用して育む基礎力

塩谷京子 編著　　　　　　　　　　　　　　　B5判212頁　本体2200円

　小・中学校9年間を見通した各教科等に埋め込まれている情報スキル50を考案。学校図書館を活用することを通して育成したいスキルの内容を，読んで理解し，授業のすすめ方もイメージできる。子どもが主体的に学ぶための現場ですぐに役立つ一冊。

教育実践研究の方法──SPSSとAmosを用いた統計分析入門

篠原正典 著　　　　　　　　　　　　　　　　A5判220頁　本体2400円

　分析したい内容項目と分析手法のマッチングについて，知りたい内容や結果から，それを導き出すための統計分析方法がわかるように構成した。統計に関する基礎知識がない人，SPSSやAmosを使ったことがない人でも理解できるよう，その考え方と手順を平易に解説した。

───── ミネルヴァ書房 ─────
http://www.minervashobo.co.jp/